世界一わかりやすい！

インボイス

税理士・公認会計士
永井圭介

高橋書店

はじめに

この本を選んでいただきありがとうございます。

本書は、インボイス制度についてまったくわからない方や聞いたことがあってもほぼ知らない方を対象にして、**なるべくやさしい言葉でインボイス制度の全体像を解説した超入門書**です。

インボイス制度のうわさはよく聞くけれど、**自分にどう関係するのか不安を感じている方、何が大変なのか理解したい方に、ぜひ読んでほしい一冊**です。

まずイメージとして持っていただきたいのは、インボイス制度は多くの方にマイナスの影響、つまり**増税をもたらす制度**だということです。ただ、その影響は事業者によって大きく違います。顧客を失い、または値下げを迫られる事業者もいれば、ほとんど影響を受けない事業者もいます。

フリーランス・個人事業主の方はもちろん、免税事業者と取引のある方、副業収入のある方など、さまざまな立場の方への影響についても説明しています。

インボイスが与える影響を、本書でぜひ確認してみてください。

時間がない人や文章が苦手な方は、全部を読む必要はありません。気になった箇所から読んでいただいてもOKです。

〈本書の構成〉

●消費税のしくみやインボイス導入の経緯、問題点を知りたい方	➡ 基礎編、PART1
●免税事業者の方の対処法 顧客との取引でいちばん大きな影響を受けます。 その内容と対策をつかみましょう	➡ PART2
●免税事業者と取引のある方の対処法 課税事業者の方は、免税事業者へ支払っていた消費税分が、 そのまま負担増になるおそれがあります	➡ PART3
●ケーススタディー ご自身と取引先との交渉を想像しながら参照してください	➡ PART4
●インボイス対応に役立つ会計ソフトなど	➡ PART5
●特殊な取引などの解説、Q＆A	➡ PART6

各章末には**1ページのまとめがあります。そこだけ読んでも概要がつかめる**ようにしています。

本書が少しでも皆さんのお役に立つことができれば幸いです。

税理士・公認会計士
永井圭介

ツイート
ツイートと返信
メディア
もくもくイラストレーター
#お仕事 #イラスト
トレンドトピック
よし
イラスト投稿完了
ピコン
ん？
カチッ
きいろ出版さんからメールだ何だろう
受信トレイ
インボイス事業者登録のご依頼
きいろ出版 山田
To 自分
スター付き
スヌーズ中
送信済み
下書き
もっと見る
ラベル
もくもく様
いつもお世話になっております。
さて、2023年10月1日からの適格請求書保存方式（いわゆるインボイス方式）の導入に伴い、弊社も適格請求
書発行事業者登録番号を取得いたしましたので、ご案内をお送りいたします。
弊社では、2023年10月20日締めの請求書から、適格請求書（登録番号の記載のあるもの）のみ、お引き受け
する予定です。
適格請求書発行事業者番号の取得が未だの場合は、お手数ではございますが、早急に取得のご検討いただき
ますようお願い申し上げます。もし番号の取得が間に合わないようであれば、取得予定日をお知らせくださ
インボイス登録…？
え…何…コレ
SNSで見た
水色ねこさん@Neko_mizu
インボイス反対
オレンジいぬさん@INuinu_orange
インボイスでフリーランス絶滅するよ
緑のうさぎ@Usako_midori
インボイス制度絶対反対
インボイスって聞いたことあったけど難しそうだから避けてたやつだ

インボイスって
私、関係あるのかな
検索
無視しちゃ
ダメだよね…？
お
インボイス制度
無視してもいい人
リニューアル版
これだ！
取引解消や
値下げ要求される
おそれがあります
ず〜〜ん
絶望
しかない
この動画はここから見れるよ
絶望している
場合では
ないです
誰？
ここです
パアアアア…！

インボイスを知っておかないと好きな仕事で稼いでいけなくなりますよ
ぽ
ん
!?
あ…あなたはインボイスについてわかりやすい動画をあげてて登録者数7万人over総再生回数800万回overの税理士YouTuberナガイ先生!?
登場人物の紹介ありがとう
それがなぜ私のスマホから……!?
インボイスは複雑ですが、知っておかないと収入が減ることもあります
あの…それより どうして私のスマ
絵の仕事できなくなってもいいんですか？
そ…それは…困りますけど…

で…でも
難しい話は
苦手なので…
大丈夫！
すん…
これから
世界一わかりやすく
インボイスの
説明をします
特別ですよ
それが終わったら
帰ります
ぱあぁ
あぁ
はい！
皆さんも
ついてきて
くださいね
まぁ
インボイスについて
知りたかったし、いっか
本編へGO！

インボイスがあなた
YES・NO

START

年間の売上（課税売上）※が1,000万円以下だ
（消費税免税事業者である）
※給与所得以外の副業収入をふくむ

→ NO

↓ YES

顧客は一般の消費者が多い

→ NO：競合する相手がほとんどいない

競合する相手がほとんどいない → NO

↓ YES

無視していいかも？

顧客が一般消費者であれば、インボイスを求められる可能性は低く、インボイスの登録は不要です。
また、あなたが唯一無二のスキルを持っていれば、顧客はあなたに依頼するしかありません。免税事業者のままでも影響は少ないでしょう（P42参照）。

に与える影響
チャート

インボイス制度が与える影響は、
事業者によってさまざま。
ご自身がどれにあたるのか、
以下の質問に答えて、
ざっくり確認してみましょう

簡易課税制度ではなく、本則課税を採用している

NO →

影響はほとんどない

簡易課税制度を採用していれば、仕入先が免税事業者でも、これまで通りの税負担となります。ただし、登録手続（P50参照）や、請求書への登録番号などの追加（P54参照）は必要です。

YES ↓

仕入先にフリーランスや請負契約者がいる

NO →

影響は少ない

課税事業者どうしの取引がメインのあなたへの影響は少ないでしょう。ただし、登録手続（P50参照）や、請求書への登録番号などの追加（P54参照）は必要です。

YES ↓

納税額が増えるかも？

仕入先にフリーランスや個人事業主がいる場合、制度開始であなたの納税額が増えるおそれがあります。仕入相手との値下げ交渉や代替先を探す必要があるかもしれません（P78参照）。

→ **いちばん影響が大きい**

これまでは、消費税分を「益税」として、受け取れましたが、制度開始後は難しくなります。
また、免税事業者のままだと、顧客から契約解消や値下げ要求を受けるおそれがあります。
課税事業者になれば、インボイスは発行できますが、税負担が増えます（P38参照）。

CONTENTS

はじめに …… 2

ざっくり診断！ インボイスがあなたに与える影響YES・NOチャート …… 8

登場人物紹介 …… 14

基礎編 消費税のしくみ

インボイス導入は30年にわたる国の悲願？ …… 16

「売上で受け取る額」と「仕入れで支払う額」の差額を納める …… 18

課税売上1,000万円以下なら、消費税は免除される …… 20

小規模事業者の負担が減る「簡易課税制度」 …… 22

［基礎編］まとめ …… 24

PART1 インボイスってそもそも何？

インボイス制度で免税事業者は絶滅する？ …… 26

インボイス＝適格請求書のこと …… 28

インボイスの問題点①仕入税額控除がなくなる？ …… 30

インボイスの問題点②値下げ要求される・仕事を失う？ …… 32

インボイスの問題点③個人情報・副業がバレる？ …… 34

［PART1］まとめ …… 36

PART2 免税事業者はどう対応したらいい？

インボイスの影響を受ける事業者は488万！ …… 38
ルート① 無視して免税事業者のままでいる …… 40
あなたはどっち？ インボイス無視していい人 インボイス無視できない人 …… 42
免税事業者との取引では経過措置が認められる …… 44
ルート② 課税事業者になってインボイス発行事業者登録する …… 46
インボイス発行事業者になるための手続き …… 48
適格請求書発行事業者の登録申請書の書き方 …… 50
屋号や事務所所在地を公表したい場合 …… 52
適格請求書発行事業者の公表事項の公表（変更）申出書の書き方 …… 53
インボイス発行事業者がやるべきこと …… 54
ルート③ 課税事業者・インボイス発行事業者になり、簡易課税制度を利用する …… 56
消費税簡易課税制度選択届出書の書き方 …… 58
負担軽減措置で支払額が売上消費税の２割になる …… 60
シミュレーションしてみよう …… 62
免税事業者に戻るとき（２年縛り） …… 64
免税事業者が気になるインボイスＱ＆Ａ …… 66
［PART2］まとめ …… 68

PART3 免税事業者と取引する場合は？

課税事業者も「関係ないね」では済まない …… 70
まずは、仕入先などが免税事業者かどうか確認する …… 72
取引継続でのコスト増加額を確認 …… 74

交渉時には優越的地位の濫用に注意 …… 76
取引を継続する場合の３つの選択肢 …… 78
インボイスの特例が適用される業界もある …… 82
要注意の業界・取引はこれだ！ …… 84
［PART3］まとめ …… 86

PART4 ケーススタディー

場面に合わせてイメージしてみよう …… 88
Case1　依頼主とエンジニアの交渉 …… 90
Case2　不動産管理会社と大家の交渉 …… 92
Case3　建設会社と一人親方の交渉 …… 94
［PART4］まとめ …… 96

PART5 インボイス対応に役立つツール

会計ソフトの導入でインボイス対応がラクになる …… 98
会計ソフトの導入を検討する …… 100
税理士ナガイのおすすめ！ 会計ソフト …… 102
割戻し計算と積上げ計算に注意 …… 104
積上げ計算より、帳簿作成がラクになる帳簿積上げ計算 …… 106
［PART5］まとめ …… 108

PART6 インボイスQ＆A

Q 消費税がかからない取引があるって本当ですか？ …… 110

Q インボイスがいらない取引はありますか？ …… 112

Q インボイスがいらない取引の注意点は？ …… 114

Q クレジットカード決済や口座引き落としのインボイスは？ …… 116

Q 発行済みのインボイスが間違っていたら？ …… 118

Q 請求書だけでインボイスの要件を満たさないときは？ …… 120

Q 値引き取引のインボイスはどうなるの？ …… 122

Q 売り手が振込手数料を負担するときはどうする？ …… 124

Q 締め日と期末がずれる場合のあつかいは？ …… 126

Q 委託販売・受託販売の場合のインボイスってだれが発行するの？ …… 128

Q 立て替え払いしてもらったときのインボイスは？ …… 130

Q 100万円以上の買い物をする場合の注意点は？ …… 132

Q 電子インボイスって何？ …… 134

Q 電子帳簿保存法に対応する①検索性の確保とは？ …… 136

Q 電子帳簿保存法に対応する②データの真実性の確保とは？ …… 138

索引 …… 140

おわりに …… 142

編集　アート・サプライ（丸山美紀）

デザイン・DTP　アート・サプライ（山崎恵）

イラスト　朱坂明紗

校正　新山耕作

登場人物紹介

本書の主人公

専門学校卒業後、イラストレーターとして活動中。
インボイス制度について聞いたことはあったが、話がややこしそうで敬遠していた。
突然現れたナガイ先生に対しても、落ち着いて対応しており、おおらかというかかなり度胸がある。
書籍の進行上、必要な質問を絶妙なタイミングで投げかけるなど、本書の進行役を果たしている。

ナガイ先生

税理士・公認会計士。慶応大学卒業後、大手監査法人に入所。上場会社・上場準備会社の会計監査に従事。その後、永井圭介公認会計士・税理士事務所を創設し独立。
またYouTuber税理士ナガイとして、税の問題をわかりやすく解説した動画が人気で「インボイス」関連の解説動画は累計200万回再生を突破している。

税理士ナガイチャンネル
税金についてわかりやすい動画を随時更新中
チャンネル登録・高評価よろしくお願いします！

本書は2023年1月16日現在の情報をもとに作成しています。
インボイス制度に対しては、各団体から反対意見が出ているなど、今後も大きく変わるおそれがあります。必ず最新の情報をご自身で確認ください。
本書掲載の情報に従ったことによる不利益に関しては、著者および発行元は責任を負いかねます。

基礎編

消費税のしくみ

消費税やインボイス導入の経緯について説明するよ。
気になる人だけ読んでみてくださいね

インボイス導入は
30年にわたる国の悲願？

突然降ってわいたように感じられるインボイス制度。なぜ導入されることになったのでしょうか？

話は30年以上さかのぼります。1989年4月に政府としては念願の消費税が導入されました。本来なら、消費者が負担した消費税はもれなく国に納付されるはずでした。

ところが新たに消費税の支払いを求められた国民は大騒ぎ。当然ですよね。あらゆるものの値段が3%値上がりするわけですから。

そこで、なんとか国民に受け入れてもらうために、当時の政府は「一部の小規模事業者は消費税を納めなくてもいい」という免税事業者の制度を採用することにしました。

軽減税率導入時から、インボイス制度は決まっていた！

これが消費税の「益税」です。小規模事業者は消費者から消費税を受け取るものの、その分の納税は免除されることになったのです。

消費税導入当初からインボイス制度が導入されるまでの間、益税についてはは放置されることになりました。

1989 年の導入当初の消費税は 3%。その後段階的に上がって 10% まで引き上げられています。

消費税 3% の時代には益税は今ほど問題視されていませんでした。しかし 10% となるとさすがに無視できない。国はそう考えるようになりました。

「インボイス制度により益税をなくす」これがインボイス導入の本当のねらいなのです。

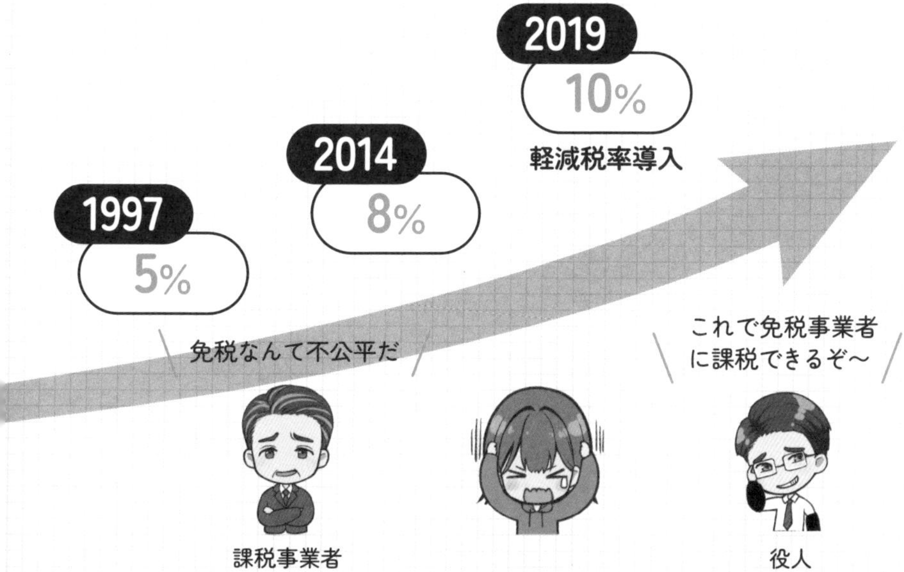

［基礎編］消費税のしくみ

「売上で受け取る額」と「仕入れで支払う額」の差額を納める

消費税って、レジで払うあれでしょ

そう。でも実際に消費税を納めているのは
事業者なんだよ

そもそも消費税を払っているのは誰だと思いますか？

モノやサービスを購入する人、つまり基本的には消費者が消費税を負担しています。本書を手にしている皆さんも、書店のレジで消費税を払ったはずです。

ただ、みなさんは消費税を税務署へ直接納めていないですよね。消費税を納めているのは、消費者から消費税を受け取った事業者（本を買ったときなら書店）です。

このように消費税は、負担する人と納税する人が異なるという性質を持っています。これを「**間接税**《かんせつぜい》」といいます。

一方で、製品や部品を作った事業者もそれぞれ材料などの経費の代金を支払うときに、消費税を払っています。

ん？　どの事業者も払うのなら、消費税がダブるんじゃない？

事業者は税を納めるときに、消費者から受け取った消費税から、経費で支払った消費税を差し引いて、その差額を納めます。こうして税金が二重三重にかかるといった、いわゆる「税の累積」が起きないようなしくみになっているのです。

売上の消費税から経費の消費税を差し引くことを「**仕入税額控除**《しいれぜいがくこうじょ》」といい、控除される税額を「**仕入控除税額**《しいれこうじょぜいがく》」といいます。

消費税は支払う人と納める人が違う

※すべて税率10%の場合

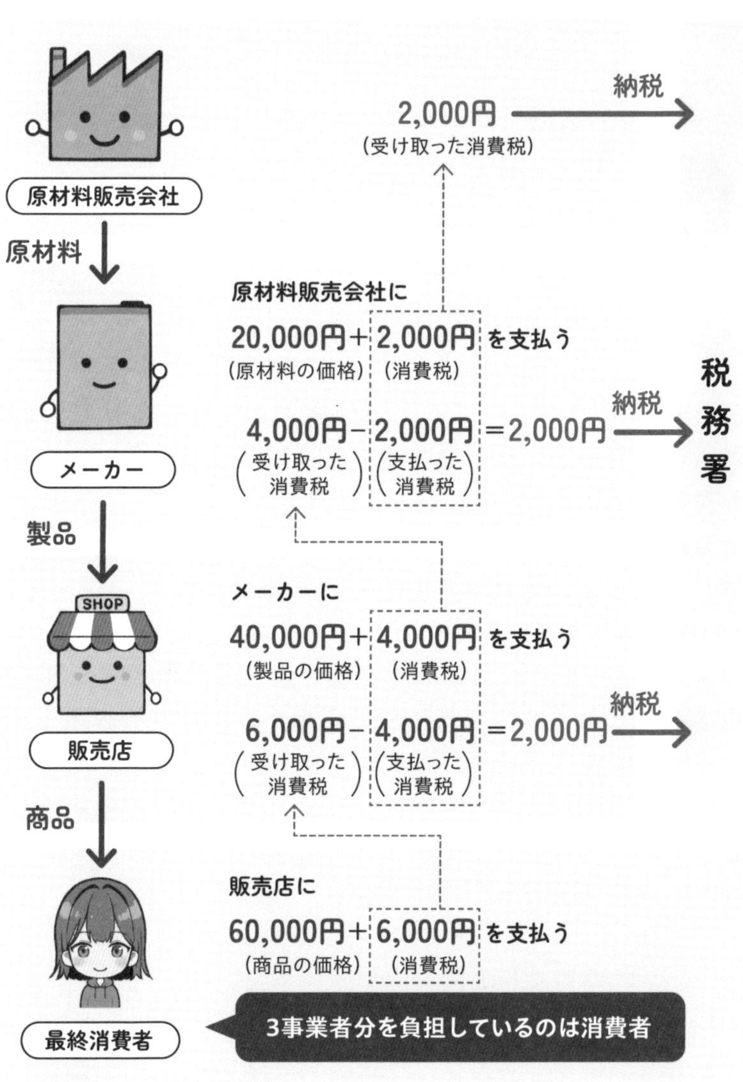

事業者が売上で受け取った消費税から、仕入れで支払った消費税を差し引いて納めるよ

NEXT ▼ 課税売上1000万円以下なら消費税は免除される

［基礎編］消費税のしくみ

課税売上1,000万円以下なら、消費税は免除される

そもそも、私って消費税を納めなくていいんだよね？

一定期間の課税売上が1,000万円以下なら、免税事業者だよ

一定の小規模事業者は消費税の納税義務が免除されます。消費税の納税義務が免除されている事業者を「免税事業者《めんぜいじぎょうしゃ》」、納税義務を負う通常の事業者を「課税事業者《かぜいじぎょうしゃ》」といいます。

では免税事業者となるためには、どのような基準を満たす必要があるのでしょうか？　それは、原則として基準期間《きじゅんきかん》※1の課税売上高が1,000万円以下であるかどうかで判定されます。

免税事業者はお客さんに対し消費税を請求し、受け取った消費税分を納税することなくもらうことができます。これがいわゆる「益税《えきぜい》」です。免税事業者の中には、消費税の導入時や、消費税率の引き上げ時には売上が増えた事業者もいました。

益税は小規模事業者への優遇措置的な役割だったんだ

ちなみに、免税事業者も積極的に課税事業者になれます※2。

売上代金にふくまれる消費税の合計額が、経費にふくまれる消費税の合計額よりも少ない場合は、課税事業者になると消費税の還付を受けられる場合があるからです。たとえば多額の固定資産の購入を行った事業者がこれに該当します。

※1　基準期間とは原則として2期前の会計期間をいいます。たとえば個人の場合、2023年において課税事業者となるかどうかは、2021年の課税売上高が1,000万円を超えるかどうかで判定されます。

※2　消費税課税事業者選択届出書（後述）の提出が必要です。

免税事業者と課税事業者の違い

免税事業者

基準期間の課税売上高
1,000万円以下
消費税の納税義務なし

↓

売上で受け取る消費税

↓

益税

課税事業者

基準期間の課税売上高
1,000万円超
消費税の納税義務あり

↓

売上で受け取る消費税
－
仕入れで支払う消費税
＝
差額を納める

インボイス導入前は、免税事業者が消費税を受け取っても、納税は免除してもらえたんだね

免税事業者があえて課税事業者になる場合

売上にかかる消費税 ＜ 仕入れにかかる消費税

のとき

支払った消費税のほうが多いときは、課税事業者になって還付（支払いすぎた分が戻ってくる）を受けたほうがおトクだよ

［基礎編］消費税のしくみ

小規模事業者の負担が減る「簡易課税制度」

売上が1,000万を超えたら、強制的に課税事業者になるの？　なんかめんどくさそう…

そうだね。ただ、消費税の計算は複雑だから、簡易課税制度という救済措置があるよ

課税事業者は、売上代金にふくまれる消費税から経費にふくまれる消費税を差し引いた額を納めます。ただ売上と経費には消費税がかかるもの、かからないもの、軽減税率（8%）があって複雑※。小規模な事業者にはこの事務的作業も負担です。

そこで小規模な事業者（基準期間の課税売上高が 5,000 万円以下の課税事業者）は税額の計算がかんたんな「**簡《かん》易《い》課《か》税《ぜい》**」を選択できます。

簡易課税では、売上の消費税計算は原則（本則課税）と同じですが、売上消費税から差し引く「仕入消費税」を単純計算で導けます。

仕入消費税＝売上にかかる消費税×**みなし仕入率**

この割合は事業内容に応じて異なり、原価率の高い卸売業は 90%、原価率の低い不動産業は 40% です。

イラストレーターはサービス業だから50%か

簡易課税制度は小規模事業者の救済のための制度。そのためみなし仕入率の割合は実際の仕入率よりも高く設定されていて、簡易課税を選択すると節税につながることが多いのです。また、実際にかかった経費の税区分を判断する必要もなくなり、会計処理もラクになります。

※消費税の課税対象は、以下の4要件を満たす取引（課税取引）です。
[1] 国内で [2] 事業者が行う [3] 対価を得た [4] 資産の譲渡、資産の貸し付け、役務の提供
これ以外の取引は不課税取引になります。詳細はP110参照。

簡易課税のしくみ

原則（本則課税）

消費税の納付額 ＝ 課税売上にかかる消費税額 − 課税仕入にかかる消費税額

簡易課税

消費税の納付額 ＝ 課税売上にかかる消費税額 − 課税売上にかかる消費税額 × みなし仕入率

（仕入消費税をいちいち計算せずに済む）

消費税は不課税取引（給与、配当）、非課税取引（保険料、商品券の譲渡）、軽減税率（8%）などがあり、計算が複雑。簡易課税ならその計算の手間が省けるよ

●簡易課税で用いるみなし仕入率（くわしくはP59参照）

区分	事業	みなし仕入率
第1種事業	卸売業	90%
第2種事業	小売業、 農業・林業・漁業（飲食料品の譲渡）	80%
第3種事業	製造業、建設業、 農業・林業・漁業（飲食料品の譲渡を除く）	70%
第4種事業	飲食業その他	60%
第5種事業	サービス業、金融業	50%
第6種事業	不動産業	40%

みなし仕入率で計算すると、
実際に支払う消費税額より多く差し引けて
納税負担が軽くなることが多いよ

テイクアウトもやっている飲食店は2業種扱いになるんだって（P63参照）

[基礎編] まとめ

- 消費税は、消費者が負担し、事業者が納める税金

- 売上時に受け取った消費税から、仕入れで支払った消費税（仕入税額控除という）を差し引いて納める

- 課税売上1,000万円以下の事業者は、免税事業者になれる（売上で受け取る消費税を納めなくていい=益税）

- 課税売上5,000万円以下の課税事業者は、税の計算を簡略化して納める「簡易課税制度」が選べる

- 簡易課税の計算方法は
  消費税の納付額=売上で受け取る消費税 −（売上で受け取る消費税×みなし仕入率）

Answer 国外取引であれば、消費税はかからないので影響はありません。

PART 1
インボイスってそもそも何？

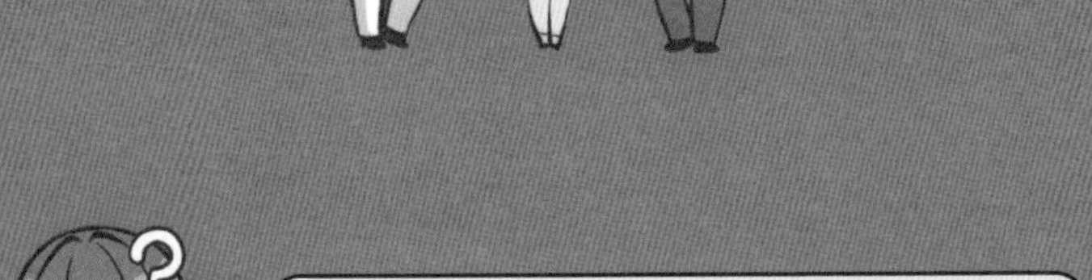

インボイス制度で免税事業者は絶滅する？

インボイス制度について、読者の皆さんはどのようなイメージをお持ちでしょうか？　免税事業者が取引先（顧客）を失ったり、消費税分の値引きを要求されたりする、インボイス制度で免税事業者が絶滅する、そのようなネガティブなイメージをお持ちかもしれません。こうしたイメージはあながち間違いではないのですが、「免税事業者をあおるための過激な表現」とも言えます。

もちろんインボイス制度導入は益税を解消する、つまりは増税の手段のため、税金の負担増は避けられない面があります。しかし、それだけではありません。フリーランスの免税事業者以外への影響も大きいのです。

免税事業者への影響

売上が減少する？
取引を打ち切られる？

副業サラリーマンも取引先（顧客）にも影響がある

たとえば副業を行っているサラリーマンなどにも大きな影響を与えるおそれがあります。副業で業務委託を受けている方が依頼元へインボイスを発行できなければ、依頼元の消費税負担が増え、取引の継続を見直されるケースもありえます。

さらに、仕入先に免税事業者がいる課税事業者も、その仕入先との取引を見直すなどの影響を受けます。

一方で、顧客が一般消費者だけである場合など、ほとんど影響を受けない免税事業者もいます。

ご自身が受ける影響を正確に把握したうえで、「なるべく損しないためのインボイス制度への対応方法」を確認していきましょう！

仕入先から受ける影響

免税事業者の消費税を
肩代わりすることになる？

まったく影響のない人も？

副業サラリーマンへの影響

国税庁のホームページで
副業が会社にバレる？

［PART1］インボイスってそもそも何？

インボイス＝適格請求書のこと

インボイスってそもそも何？

条件を満たした請求書（適格請求書）のことだよ

インボイス制度は2023年10月から開始される制度。正確には「適《てき》格請求書等《かくせいきゅうしょとう》保存方式《ほぞんほうしき》」といいます。長くて小難しい名前なので、本書では気にせずインボイス制度という言葉を使います。

インボイスは直訳すれば「請求書、送り状」などの意味です。ただしインボイス制度におけるインボイスは、言ってみれば税務署にお墨付きを与えられた請求書等ということになります。請求書「等」と表現していますが、インボイスの書類の名目は請求書でも領収書でも、適切な表現であればかまいません。ただし、右ページにあるような要件を満たす必要があります。

今の請求書との違いがわからん

これまで使用されていた請求書と大きく違うのは、インボイス発行事業者の登録番号（個人：T＋13桁の数字、法人：T＋13桁の法人番号）を記載する点です。また、10％、8％（軽減税率）といった、税率ごとに区分した消費税の金額を明記する必要があります。

そして、インボイス発行事業者になれるのは、消費税を納めている事業者、つまり課税事業者だけ。免税事業者はインボイス発行事業者になれないのです。インボイス発行事業者になれなければ、当然インボイスを顧客に発行できず、取引上、不利になるおそれがあります。

これがインボイス（適格請求書）

●インボイス（適格請求書）の記載例

請求書

❻ 株式会社ナガイ商事　御中

❶ 〇山×太郎
登録番号　T012345…

2月分　131,200円

××年2月28日

❷ 日付	❸ 品名	金額
2/1	鶏肉※	5,000円
2/1	プロテイン※	10,000円
2/2	ダンベル	2,000円
⋮	⋮	⋮

合計　120,000円　　消費税　11,200円

❹ 8%対象　40,000円
10%対象　80,000円

❺ 消費税　3,200円
消費税　8,000円

❸ ※軽減税率対象

❶ インボイス発行事業者の氏名または名称、および登録番号

❷ 取引年月日

❸ 取引内容（軽減税率の対象品目は明記する）

❹ 税率ごとに区分して合計した対価の額（税抜または税込）
および適用税率

❺ 税率ごとに区分した消費税額等

❻ 書類の交付を受ける事業者の氏名または名称（宛名）

❺❻もしくは❹❻を省略した
簡易インボイスもあるよ

スーパーや飲食店、タクシーなど“いちいち
相手の名前を聞いていられない”事業者は
簡易インボイスが認められるんだって

Question 今まで消費税込で請求していた場合、税抜分しかもらえなくなりますか？（→P31）

［PART1］インボイスってそもそも何？

インボイスの問題点①
仕入税額控除がなくなる？

インボイス制度が始まると、免税事業者は
消費税を請求できないの？

できるよ。でもその消費税分の支払いは
顧客が肩代わりすることになるんだ

インボイスを発行できない免税事業者の請求書が、完全に無効になるわけではありません。インボイスではない請求書でも、ちゃんと取引相手（顧客）に請求できます。消費税込での請求も可能です。

ただし、問題は「免税事業者によって発行された請求書については、請求書に消費税額が書いてあろうがなかろうが、消費税を負担したとは認められない」ということです。

えっと。それはどういうことですか（さっぱり）

今までは、課税事業者が免税事業者に支払った仕入れなどの経費には「消費税分がふくまれている」とみなされ、仕入税額控除が認められてきました。

一方、免税事業者は消費税納税の義務がなく、支払われた消費税を懐に入れることができました。課税事業者、免税事業者ともに痛みはなかったわけです。

ところが、インボイス制度が始まると、課税事業者が免税事業者へ支払った経費について仕入税額控除が認められなくなるのです。

つまり、課税事業者側で免税事業者が負担すべき消費税を肩代わりする、というとらえ方ができます。ここが、益税の解消というインボイス制度の本当のねらいなのです。

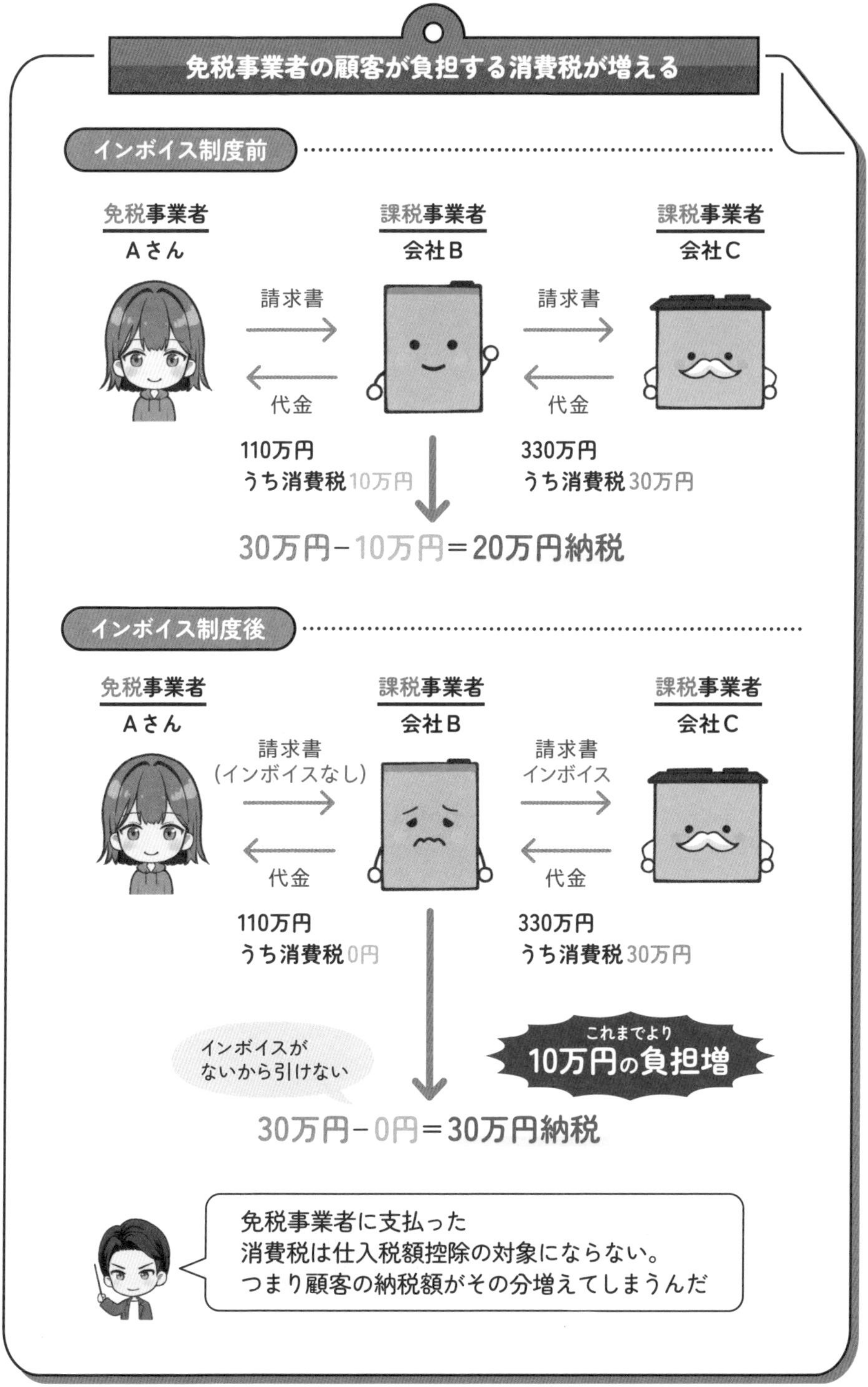

NEXT▼インボイスの問題点②値下げ要求される・仕事を失う？

Answer 税抜分のみの支払いは値引きの強要となるので、顧客と交渉しましょう。

［PART1］インボイスってそもそも何？

インボイスの問題点②
値下げ要求される・仕事を失う？

免税事業者のままでいたら
ダメなの？

課税事業者になることや
値下げを要求されてしまうかもしれないね

免税事業者はインボイスを発行できません。顧客である課税事業者は、免税事業者が懐に入れている消費税を控除できず、肩代わりすることになります。課税事業者にとっては、仕入先などに免税事業者がいると、消費税分の負担増になってしまうのです。

この場合、課税事業者としてはどのように考えるでしょうか？　仕入先である免税事業者に対して、課税事業者になってインボイスを発行するよう求める、または免税事業者のままでいるのなら消費税分の値下げを要求することが考えられます。

インボイスを出せないなら、消費税分10%値下げしろってこと?!

もちろん両者の交渉によって、免税事業者が要求に応じることはあるかもしれません。ただ免税事業者への強制は、独占禁止法《どくせんきんしほう》または下《した》請法《うけほう》もしくは建設業法《けんせつぎょうほう》に抵触するおそれがあります。以前の消費税の増税時には、価格の据え置きを強制することは違法とされました。同じような取り扱いがインボイス制度でも行われる可能性があります。

いずれにせよ、免税事業者のままでいるという選択をした場合、顧客の課税事業者とは、取引価格や取引条件についてよく話し合うことをおすすめします。

免税事業者のままだと値下げを要求される？

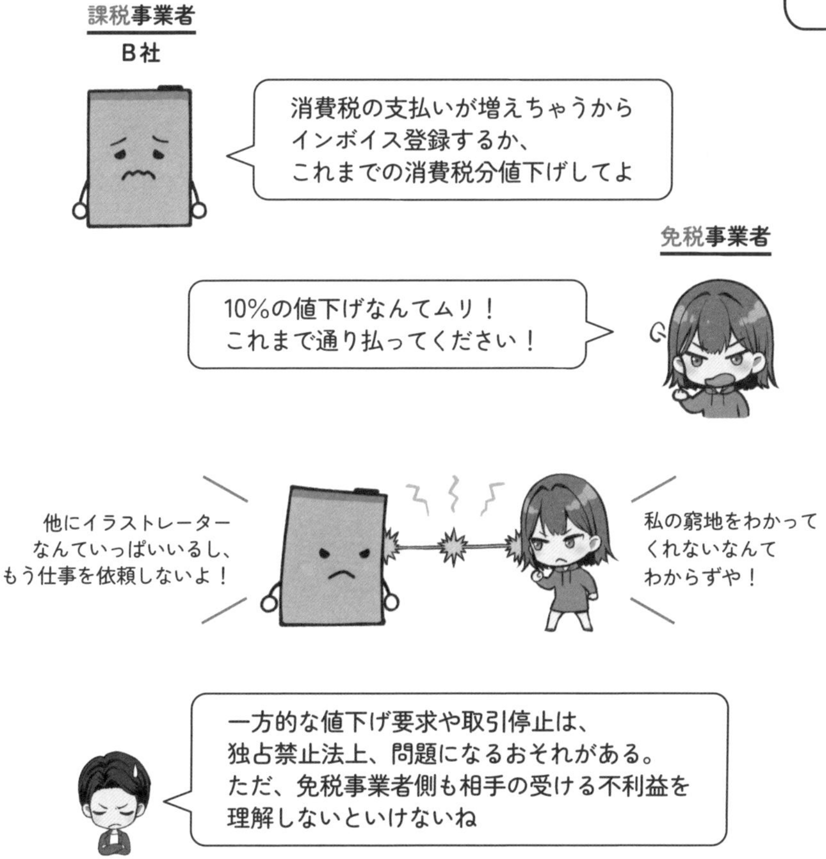

●独占禁止法上、問題となりうる取引条件変更（P76参照）

1 取引対価の引き下げ
2 商品・役務の成果物の受取拒否や返品
3 協賛金の負担要請（取引継続の見返りに協賛金を要求）
4 購入利用強制（取引継続の見返りに物品の購入を要求）
5 一方的な取引停止

NEXT▼インボイスの問題点③個人情報・副業がバレる？

［PART1］インボイスってそもそも何？

インボイスの問題点③ 個人情報・副業がバレる？

めんどくさくなってきたな。インボイス登録したふりして、請求書出しちゃおっかな

絶対にダメ。インボイス登録事業者かどうかはホームページで公開されるんだ

インボイス制度によって、免税事業者は、取引上の不利益を受ける以外にも、厄介な問題があります。それは、情報漏えいにつながるおそれがある点です。

インボイス発行事業者として登録を受けた事業者の情報は、単に税務署のデータベースに登録されるだけではなく、国税庁の「適格請求《てきかくせいきゅう》書《しょ》発行《はっこう》事業者《じぎょうしゃ》公表《こうひょう》サイト」で公開されます。これにより、取引相手（顧客）は「仕入先がインボイス発行事業者か」「請求書に記載された登録番号は正しいか」などを確認できます。

個人の場合は、フルネームや登録番号は必ず公表され、任意で屋号や事務所の所在地などを公表できます（P52参照）。

本名はマストなの？　個人情報が漏れるのは嫌だな…

この点についてはいろいろと問題点が指摘されており、たとえば登録番号からペンネームや芸名で活動している有名人の本名がバレるおそれがあります。また、勤務先に内緒で副業を行っているサラリーマンについては、副業が勤務先にバレる危険性があります。

さらに、登録情報は一括ダウンロードできます。問題点の指摘を受け、国税庁としては、ダウンロードファイルから氏名や住所などの情報を削除するといった対応を行いました。

インボイス発行事業者になると本名などが公表される

●国税庁のホームページで公開される情報

- 登録番号
- 事業者名（氏名）
- 登録年月日　など

国税庁　適格請求書発行事業者公表サイト
https://www.invoice-kohyo.nta.go.jp/

●任意で登録できる情報

- 住所
- 通称（住民票に登録したもの）
- 旧姓（住民票に登録したもの）
- 屋号（ブランド名、芸名、ペンネームなど）

Answer 健康診断・予防接種等の自費診療については影響を受ける可能性があります。

［PART1］まとめ

済 インボイスは「適格請求書」のこと。従来の請求書の記載事項に加えて、「インボイス発行事業者登録番号」「適用税率」「税率ごとの消費税額」の記載が必要

済 免税事業者はインボイスを発行できない。そのため免税事業者が請求した消費税は、取引先（顧客）が肩代わりすることになる（課税事業者が仕入税額控除できない）

済 課税事業者が免税事業者であることを理由に、値下げ要求や取引停止をすることは独占禁止法違反のおそれあり。
ただし、免税事業者のままでいるなら、顧客との交渉は必須

済 インボイス発行事業者になると「登録番号」「名称（個人の場合本名）」が国税庁のホームページで公表される

PART 2
免税事業者はどう対応したらいい？

フリーランスや請負契約の人が
取れる対策を大きく３つに
分けて説明していくよ

インボイスの影響を受ける事業者は488万！

インボイス制度で特に大きな影響を受けるおそれがあるのが免税事業者です。

免税事業者の範囲は広く、課税売上高1,000万円以下のフリーランス、一人親方だけでなく、副業を行っているサラリーマンもふくまれます。つまり、事業所得や雑所得を得ている人すべてをふくむことになります。2015年の国勢調査から試算すると、その数は488万社（者）を超えています。

免税事業者は今まで消費税を気にする必要がありませんでした。しかし、インボイス制度導入後は、免税事業者のままでいると取引上、不利となったり、取引を続けるためにインボイスを発行する課税事業者になって消費税の納税義務が生じたりすることになります。

免税事業者が選べる 3つのルート

免税事業者の対応としては、３通りが考えられます。

１つ目は、「無視してしまう」ことです。顧客がすべて一般消費者である場合は、インボイス制度で取引上、不利になることはありません。よって、思い切って無視することも可能です。

２つ目は、インボイス発行事業者になるために「課税事業者（本則課税を選択）になる」こと。インボイス発行事業者となれば、消費税の納税が発生する代わりに、取引上、不利になることはありません。

３つ目は、インボイス発行事業者になるために「課税事業者（簡易課税を選択）になる」こと。２つ目の本則課税を選択する場合と比較して、節税になる可能性があります。

この章を通して「自分にはどの方法が一番有利か」判断してください。

ルート❶ 無視する（P40）

ルート❷ 課税事業者（本則課税）になる（P46）

ルート❸ 課税事業者（簡易課税）になる（P56）

ルート① 無視して免税事業者のままでいる

インボイスって損でしかない！
もう無視してやる！

じつは、それがベストアンサーの人もいるんだよ

消費税を無視して免税事業者のままでいれば、当然、消費税の負担はありません。ただしインボイスを発行できないため、取引上、不利になるおそれがあります。

しかし、顧客からインボイスを要求されないのなら、インボイス発行事業者になる必要はありません。

どんな人なら、インボイスを無視してもいいの？

具体的には、顧客のほとんどが消費者の場合です。消費者は事業者ではないため、インボイスを必要としません。たとえばほぼすべての顧客が消費者の商店や習い事教室、学習塾、理美容室などです。

また顧客が免税事業者の場合も、消費税の申告を行わないため、無視しても影響はないでしょう。さらに顧客が課税事業者であっても簡易課税選択事業者の場合には、経費の消費税を考慮する必要がないため、インボイスは必要ありません。

そして、顧客から見て、あなたが「唯一無二の存在」の場合には、インボイス制度を無視できるでしょう。顧客は、あなたにしか仕事をお願いできません。つまり消費税の負担が増えても、取引を打ち切ることはないからです。具体的には、アーティストやアスリートなどが該当します。

対応①免税事業者のままでいる

メリット

- 消費税の支払いが不要
- 消費税申告に必要な計算も不要

デメリット

- インボイスの発行ができないせいで
取引上、不利になる

たとえば （P32参照）

・消費税分の値下げを要求されるおそれがある

・インボイスを発行できる同業他社に乗り換えられるおそれがある

ただし

インボイスを要求されない人は

免税事業者のままでOK！

どんな人がインボイスを無視できるかは
次のページで説明していくよ

Question 免税事業者が消費税を請求するのは違法ですか？（→P43）

＼あなたはどっち？／

〇

インボイス無視していい人

顧客がインボイス不要の人

- **消費者相手の小売店や商店（副業をしている人も含む）**
  - ・理容室、美容室（経費扱いにしている顧客がいる場合は除く）
  - ・子供相手の習い事、塾
  - ・スポーツジム
  - ・個人客向けの飲食店　など
- **取引先が免税事業者、または簡易課税選択事業者だけ**

業種がインボイス不要の人

- **もともと売上が非課税**
  - ・居住用物件の大家、保険診療のみの診療所
- **インボイス不要の特例を受ける業種**
  - ・農協／漁協／森林組合に生産物を卸している農家

個人的にインボイス不要の人

- **提供するサービスが唯一無二の人**
  - ・地位を確立したアーティスト、芸術家（代わりがおらず、取引上、優位な立場にある）
- **仕事が減ってもかまわないと考えている人**

✕ インボイス無視できない人

顧客がインボイスを必要としている人

●ビジネス利用の顧客がいる

（顧客に売上1,000万円を超える課税事業者［本則課税］がいる）

・商店、飲食店（領収書を求める客がいる店は注意）

・個人タクシー運転手（ビジネス客相手）

・漫画家、イラストレーター、声優、俳優　など

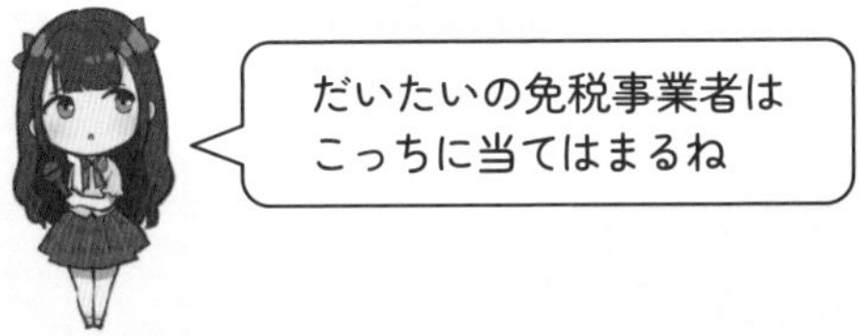

業務委託契約や請負契約で仕事をしている人

●請負契約が多い業種

・一人親方

・トラックドライバー

・デザイナー

・フードデリバリー

・システムエンジニア

・ホームページ制作　など

NEXT▼ 免税事業者との取引では経過措置が認められる

［PART2］免税事業者はどう対応したらいい？

免税事業者との取引では経過措置が認められる

でも、いきなり言われてもなぁ。迷う…

そんな人のために経過措置があるんだよ

インボイス制度が始まると、免税事業者との取引を避けたり、価格の引き下げ要求を行う事業者が現れたりするおそれがあります。

このように、免税事業者へ与える影響が大きいため、インボイス制度開始から6年間は、その影響を和らげるための経過措置が定められています。

具体的には、初めの3年間（2023年10月から2026年9月まで）は、免税事業者からの仕入れについても仕入税額控除を80%認める措置が、その後の3年間（2026年10月から2029年9月まで）は仕入税額控除を50%認める措置が取られる予定です。

と、いうことは、もう少しゆっくり考えられるかも

免税事業者としては、インボイス制度の開始である2023年10月からインボイス発行事業者になるのでなく、経過措置の間にインボイス発行事業者となるかを決めるという選択肢もあります。

すべての課税事業者が、インボイス制度開始のタイミングで免税事業者との取引を打ち切り、値下げ要求を行うとは限りません。経過措置の間に免税事業者と取引の方針を決めることも考えられます。

このあたりはご自身に与える影響度を考慮して、対応時期を検討してください。

インボイス制度の経過措置

一定期間は免税事業者・消費者に支払った
消費税の一部に「仕入税額控除」が認められる

●仕入税額控除を認める経過措置

期間	割合
2023年10月1日～2026年9月30日	8割
2026年10月1日～2029年9月30日	5割

20%だけ支払う
50%だけ支払う

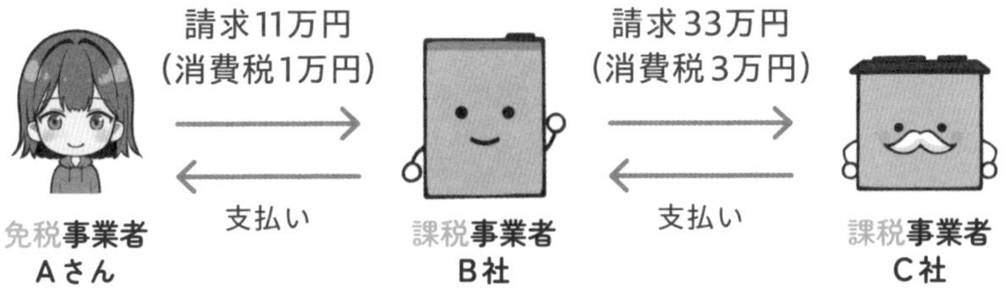

B社の納税額

インボイス制度導入以前

3万円－1万円＝2万円納税

インボイス制度導入後（2023年10月）

3万円－（1万円×80%）＝2万2,000円納税

経過措置で20%だけ支払う

経過措置終了後（2029年10月）

3万円－0円＝3万円納税

経過措置なし

ルート②　課税事業者になって インボイス発行事業者登録する

課税事業者になったら、
私どうなっちゃうの？

落ち着いて。適正な価格を維持できるなら、
課税事業者になるのが安心なんだ

免税事業者の２つ目の対応は、「課税事業者（本則課税）となって、インボイス発行事業者の登録を行う」ことです。消費税の納税義務が生じますが、顧客にインボイスを発行できれば、制度開始を機に顧客から取引を打ち切られたり、値下げ要求をされたりするリスクはなくなります。

消費税の納税義務が生じるといっても、売上代金の10％全額を納税するわけではありません。負担している経費にふくまれる消費税を控除でき（仕入税額控除）、消費税の負担額を引き下げられます。

うーん。イラストレーターは仕入れがほとんどないけどな…

もうひとつ、考えなくてはいけないのが「経理処理の負担増」です。自身が発行する請求書については、今まで発行していた請求書にインボイス登録番号を追加する、などで対応可能です。

問題は「経費に関する経理処理」です。消費税の課税・非課税・対象外の分類に加えて、10％、8％の分類、経費の支払先がインボイス発行事業者かどうかの分類が必要になります。経費の領収書が多い人はかなり大変な作業。P56の簡易課税の選択を検討しましょう。

ただし、簡易課税よりも明らかに本則課税を採用したほうが有利である場合は、このルート②をおすすめします。

対応②課税事業者（本則課税）になる

メリット

- インボイスの発行が可能
- インボイスが原因での取引打ち切りの不安がない
- インボイスが原因での値下げが不要

デメリット

- 消費税の納税が発生する
- 申告のための事務負担が増す

経費の分類が発生

・課税取引 or 非課税取引 or 対象外取引

・10% or 8%

・相手がインボイス発行事業者 or 免税事業者

税金も増えて手間も増えるけど
仕事が減る不安はなくなるってことかなぁ…

支払った消費税が多い人向けの選択肢だね。簡易課税（P56）で事務負担を減らすことも検討しよう

NEXT ▼ インボイス発行事業者になるための手続き

Answer 顧客に負担を強いることになるので、交渉次第です。

[PART2] 免税事業者はどう対応したらいい？

インボイス発行事業者になるための手続き

うーん。抜け道はなさそう…
インボイスを出すにはどうしたらいいんですか？

課税事業者になって、登録申請書を
出すだけで、かんたんになれるよ

インボイスを発行するためには、課税事業者になる必要があります。

課税事業者になるには、原則として事前に「消費税《しょうひぜい》課税《かぜい》事業者《じぎょうしゃ》選択《せんたく》届出書《とどけでしょ》」(以下、「課税選択届出書」) を提出します※。たとえば、個人事業主の場合、2022 年から課税事業者になるためには、2021 年 12 月 31 日までに、課税選択届出書の提出が必要です。

そのうえで、「適格《てきかく》請求書《せいきゅうしょ》発行《はっこう》事業者《じぎょうしゃ》の登録《とうろく》申請書《しんせいしょ》」(以下、「登録申請書」) という書類の提出が必要です。登録申請書は、紙で作成し持参または郵送するか、e-Tax(国税庁の電子申告・納税システム) により作成・提出します。紙で提出した場合は登録までに約 1 か月、e-Tax の場合は約 2 週間かかります。

書類の書き方や申請の手順は、P50で詳しく説明するよ

インボイス発行事業者になると、インボイスの交付が義務づけられます。ただし「課税事業者から請求があった場合に」交付する義務があるものの、免税事業者や一般消費者へは交付する義務はありません。

そのうえで、インボイスの写しの保存も義務づけられます。交付したインボイスの控えは捨ててはいけないということですね。

※なお、登録日が2029年9月30日までの日の属する課税期間中であれば、課税選択届出書を提出することなく、登録申請書のみでインボイス発行事業者の登録ができます。

インボイス発行事業者になるには

❶「消費税課税事業者選択届」を提出（2029年9月30日をふくむ期までは不要）

課税事業者になる期（個人の場合は1月〜12月）の前日まで

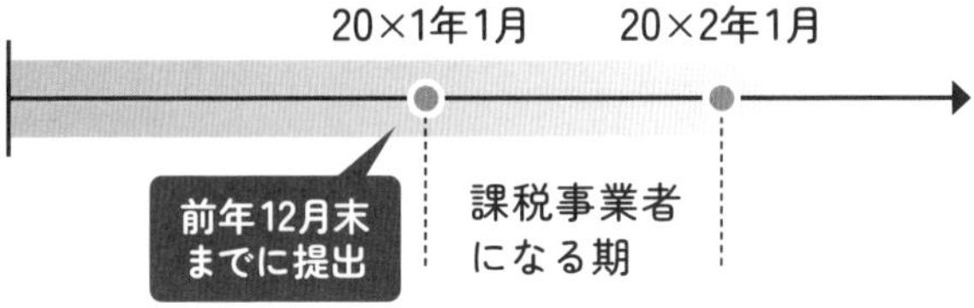

❷「適格請求書発行事業者の登録申請書」を提出（P50）

2029年9月30日をふくむ期までに登録する場合、❷の書類だけでOK

●インボイス発行事業者の義務

・インボイス（適格請求書）の交付 ＜ 求められた場合のみでOK

・返還インボイス（適格返還請求書）の交付 ＜ 返品や値引き販売で使う

・修正したインボイスの交付 ＜ 小さなミスでも発行側が修正する必要あり

・写しの保存 ＜ 7年間保存

適格請求書発行事業者の登録申請書の書き方

申請書の書き方の解説動画はこちら→

住所を書く

第1－(1)号様式

国内事業者用

適格請求書発行事業者の登録申請書

収受印

【1／2】

令和 5 年 2 月 1 日	申請者	（フリガナ）	トウキョウトトシマクヒガシイケブクロ
		住所又は居所（法人の場合）本店又は主たる事務所の所在地	（〒 170 － 6090 ） ◎（法人の場合のみ公表されます） 東京都豊島区東池袋○－×－× （電話番号 03 －○○○○－××××）
		（フリガナ）	
		納税地	（〒 － ） 同上 （電話番号 － － ）
		（フリガナ）	タカハシ タロウ
		氏名又は名称	◎ 高橋 太郎
		（フリガナ）	
		（法人の場合）代表者氏名	個人事業主は書かない
小石川 税務署長殿		法人番号	

提出日

管轄の税務署

住所以外の事務所などを納税地とする人はその住所を書く

氏名（×屋号）姓と名は1字空ける

※基本的には氏名（名称）と事業者番号が公開されます。
・屋号・旧姓
・通称・住所
の公表を希望する人は別途申請が必要です

この申請書は、令和三年十月一日から令和五年九月三十日までの間に提出する場合に使用します。

この申請書に記載した次の事項（◎印欄）は、適格請求書発行事業者登録簿に登載されるとともに、国税庁ホームページで公表されます。
1　申請者の氏名又は名称
2　法人（人格のない社団等を除く。）にあっては、本店又は主たる事務所の所在地
なお、上記1及び2のほか、登録番号及び登録年月日が公表されます。
また、常用漢字等を使用して公表しますので、申請書に記載した文字と公表される文字とが異なる場合があります。

下記のとおり、適格請求書発行事業者としての登録を受けたいので、所得税法等の一部を改正する法律（平成28年法律第15号）第5条の規定による改正後の消費税法第57条の2第2項の規定により申請します。
※　当該申請書は、所得税法等の一部を改正する法律（平成28年法律第15号）附則第44条第1項の規定により令和5年9月30日以前に提出するものです。

令和5年3月31日（特定期間の判定により課税事業者となる場合は令和5年6月30日）までにこの申請書を提出した場合は、原則として令和5年10月1日に登録されます。

事業者区分	この申請書を提出する時点において、該当する事業者の区分に応じ、□にレ印を付してください。 □ 課税事業者　☑ 免税事業者 ※ 次葉「登録要件の確認」欄を記載してください。また、免税事業者に該当する場合には、次葉「免税事業者の確認」欄も記載してください（詳しくは記載要領等をご確認ください。）。
令和5年3月31日（特定期間の判定により課税事業者となる場合は令和5年6月30日）までにこの申請書を提出することができなかったことにつき困難な事情がある場合は、その困難な事情	
税理士署名	（電話番号 － － ）

どちらかに☑

書かなくてよい

自分で申請する人は書かない

※税務署処理欄	整理番号		部門番号		申請年月日	年 月 日	通信日付印 年 月 日	確認	
	入力処理	年 月 日	番号確認		身元確認	□ 済 □ 未済	確認書類	個人番号カード／通知カード・運転免許証 その他（ ）	
	登録番号	T							

注意 1　記載要領等に留意の上、記載してください。
2　税務署処理欄は、記載しないでください。
3　この申請書を提出するときは、「適格請求書発行事業者の登録申請書（次葉）」を併せて提出してください。

インボイス制度

資料のダウンロード先 国税庁のホームページ→

郵送での提出先 納税地を管轄する「インボイス登録センター」

e-Taxを使えばネットでも登録できるよ

第1－(1)号様式次葉

国内事業者用

適格請求書発行事業者の登録申請書（次葉）

【2／2】

氏名又は名称　高橋太郎

該当する事業者の区分に応じ、□にレ印を付し記載してください。

免税事業者の確認

☑ 令和5年10月1日から令和11年9月30日までの日の属する課税期間中に登録を受け、所得税法等の一部を改正する法律（平成28年法律第15号）附則第44条第4項の規定の適用を受けようとする事業者
※ 登録開始日から納税義務の免除の規定の適用を受けないこととなります。

個人番号	0000 1234 5678	
事業内容等：生年月日（個人）又は設立年月日（法人）	○明治 ○大正 ☑昭和 ○平成 ○令和　64年 1月 5日	法人のみ記載：事業年度　自　月　日　至　月　日／資本金　円（個人は書かない）
事業内容	システム開発業	登録希望日（令和5年10月1日を希望する場合、記載不要）　令和　年　月　日

□ 消費税課税事業者（選択）届出書を提出し、納税義務の免除の規定の適用を受けないこととなる課税期間の初日から登録を受けようとする事業者

課税期間の初日
※ 令和5年10月1日から令和6年3月31日までの間のいずれかの日
令和　年　月　日

登録要件の確認

課税事業者です。 ※ この申請書を提出する時点において、免税事業者であっても、「免税事業者の確認」欄のいずれかの事業者に該当する場合は、「はい」を選択してください。	☑ はい □ いいえ
納税管理人を定める必要のない事業者です。 （「いいえ」の場合は、次の質問にも答えてください。）	☑ はい □ いいえ
納税管理人を定めなければならない場合（国税通則法第117条第1項） 【個人事業者】 国内に住所及び居所（事務所及び事業所を除く。）を有せず、又は有しないこととなる場合 【法人】 国内に本店又は主たる事務所を有しない法人で、国内にその事務所及び事業所を有せず、又は有しないこととなる場合	
納税管理人の届出をしています。 「はい」の場合は、消費税納税管理人届出書の提出日を記載してください。 消費税納税管理人届出書　（提出日：令和　年　月　日）	□ はい □ いいえ
消費税法に違反して罰金以上の刑に処せられたことはありません。 （「いいえ」の場合は、次の質問にも答えてください。）	☑ はい □ いいえ
その執行を終わり、又は執行を受けることがなくなった日から2年を経過しています。	□ はい □ いいえ

参考事項

この申請書は、令和三年十月一日から令和五年九月三十日までの間に提出する場合に使用します。

オモテ面で免税事業者にチェックした人で2023年10月1日から登録を希望する場合は☑

オモテ面と同じ名前

マイナンバー

2023年10月1日以外を希望する人だけ書く

たとえばキリよく2024年1月1日から登録を受けたい人はその日付を書く

今は免税事業者の人も、はいに☑

納税管理人がいない人は、はいに☑

罰せられたことがない人は、はいに☑

※加算税や延滞税は罰金に当たりません

課税事業者（選択）届出書を出した人が、課税期間の初日から登録を希望する場合に☑

Answer インボイスを求められることは少ないですが、まったくないわけではありません。

［PART2］免税事業者はどう対応したらいい？

屋号や事務所所在地を公表したい場合

ペンネームを公表することはできますか？

個人の場合、屋号（芸名・ペンネーム）や事務所所在地を任意で公表できるよ

個人事業主の場合、屋号や事務所の所在地などについては、適格請求書発行事業者公表サイトでの公表義務はありません。

ただ、仕事の都合上、屋号や事務所の所在地などを公表したほうが都合の良い場合は、任意で公表できます。公表するには、「適格請求書発行事業者の公表事項の公表（変更）申出書」を提出します。

結婚などで姓が変わった場合には、旧姓を公表できるよ

屋号のほかにも、通称や旧姓を任意で公表できます。

住民票に記載されている通称や旧姓であれば、

①氏名に代えて通称・旧姓だけを公表する

②氏名と併記する

いずれかを選択することが可能です。

住民票に記載のないペンネームや芸名などを公表する場合は本名と必ず併記されます。

このほか、また、任意の公表事項を変更する場合（たとえば屋号を変更したい場合など）にも、この申出書を提出します。

申出書の提出期限は明確に定められてはいません。公表事項を新たに追加するまたは変更しようとするときに提出することとされています。

適格請求書発行事業者の公表事項の公表（変更）申出書の書き方

QR
資料のダウンロード先 〉 国税庁のホームページ→

郵送での提出先 〉 納税地を管轄する「インボイス登録センター」

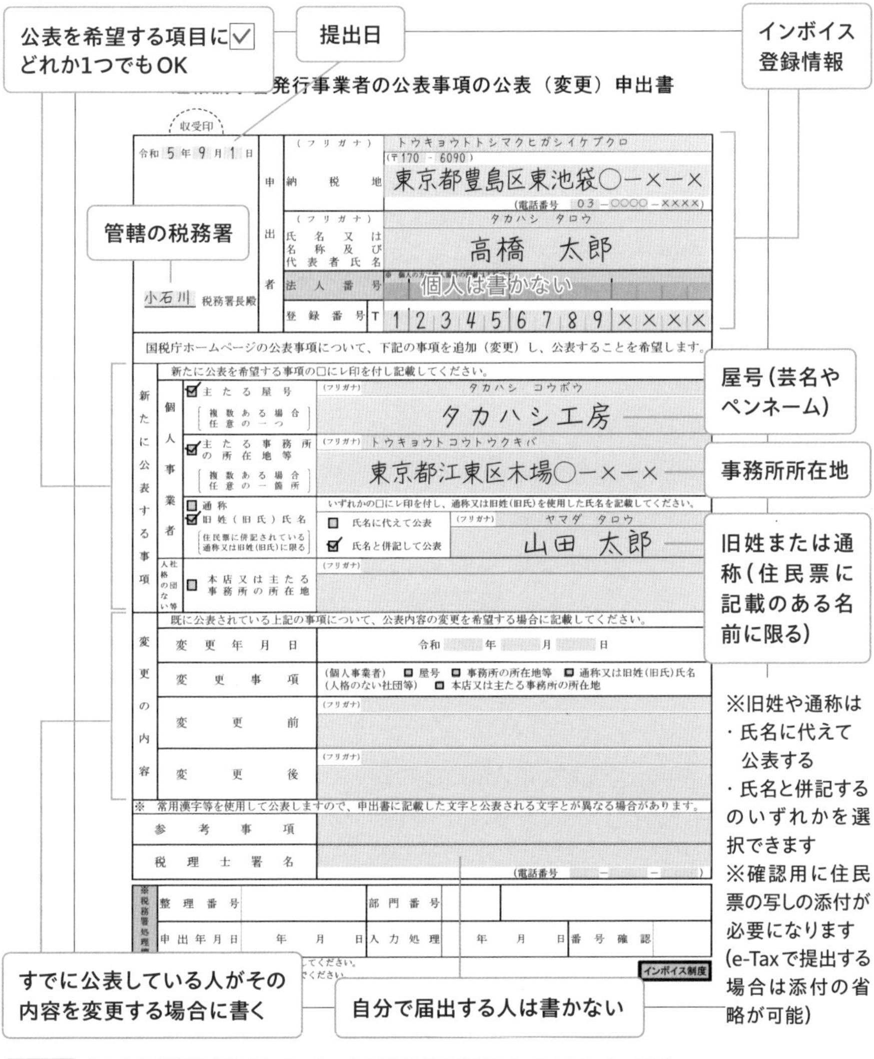

※旧姓や通称は
・氏名に代えて公表する
・氏名と併記する
のいずれかを選択できます
※確認用に住民票の写しの添付が必要になります（e-Taxで提出する場合は添付の省略が可能）

Question もともと消費税を請求していない免税事業者は影響ないですか？（→P55）

インボイス発行事業者がやるべきこと

登録できたから、これでひと安心

ちゃんと、インボイスの発行の仕方を
知っといたほうがいいよ

顧客に発行するインボイスには、今までの請求書や領収書の記載内容に加え、「登録番号」「適用税率」「税率（8%、10%）ごとに区分した消費税の金額」を明記する必要があります。ただそれ以外は大きく変わりません。会計ソフトや請求書作成ソフトを使って請求書を作成している場合は、会計ソフトのベンダーなどがインボイス制度への対応を行うでしょう。

一方で、課税事業者として、仕入先などから受け取った請求書等については、インボイス発行事業者の公表サイトで、インボイス発行事業者としての登録があるか確認を行います。登録されているインボイス発行事業者により発行されたインボイスだけが、仕入税額控除の対象となるからです（ただし、簡易課税を選択している場合は不要）。

なお、「発行したインボイスの写し」と「受け取ったインボイス」は、7年間※保存する義務があります。

2024年には電子帳簿保存法も本格的に始まる。
おすすめの保存方法はP136で紹介するね

また、帳簿については①相手方の氏名または名称　②取引年月日　③取引内容　④金額　の項目の記載が必要となります。これらの記載事項に関しては、今までと同様の取り扱いです。

※発行した日・受け取った日の属する課税期間の末日の翌日から2月を経過した日から7年間

インボイス（適格請求書）発行の手順

請求書

❻ 〇〇株式会社　御中

❶ △△（T01234…）

2023年10月分請求金額　43,600円

❷		
10月1日	割りばし	550円
10月3日	牛肉※	6,400円
	⋮	
	合計	43,600円

❹		❺	
10%対象	20,000円	消費税	2,000円
8%対象	20,000円	消費税	1,600円

❸ ※軽減税率対象

❶発行者の氏名または名称、登録番号を表記

❷取引年月日と品目を入力

❸売上明細の中の税率を確認

❹8%対象の小計／10%対象の小計をそれぞれ出す

❺8%対象の消費税／10%対象の消費税をそれぞれ算出

↑この段階で端数処理を行う！

❻書類の交付を受ける事業者の氏名または名称を表記

インボイスでは、受け取った側が修正・追記したらダメなんだって

端数処理は、インボイスにつき1回だけ！

請求書の消費税額については、切り捨て、四捨五入、切り上げのどれを選んでもOK。ただし、端数処理はひとつの請求書につき「税率ごと」に1回しかできません。つまり、「各行で消費税の端数処理をして、最後に合計を出す」というやり方はNGです

税込価格が決まっている商品は？

たばこなど税込での価格が定められている場合、明細の行には税込価格を表記します。
税率小計は税抜か税込のどちらかに統一します

[PART2] 免税事業者はどう対応したらいい？

ルート③　課税事業者・インボイス発行事業者になり、簡易課税制度を利用する

本則課税の場合、仕入れなどで負担する消費税額が少額だと、納税額が多額となります。また、経費の税区分を細かく設定する必要があり、経理処理が非常に面倒です。

そこでおすすめなのが簡易課税の選択です。

これにより、経費の消費税について、みなし仕入率を適用して、課税売上の金額からかんたんに「仕入消費税」（売上の消費税から差し引ける消費税）を計算できます。また、経費の支払先がインボイス発行事業者かどうかの確認が不要です。

さらに簡易課税における「みなし仕入率」は、一般的な各事業区分の原価率よりも高く設定されています。本則課税と比較して有利となることも多く、節税につながることもあります。

ただし簡易課税を選択できるのは、「基準期間」（2 期前）の課税売上高が 5,000 万円以下の場合のみ。一定規模以上の事業者は選択できません。

さらに簡易課税は、いったん選択すると 2 期は継続しなければなりません。そのため、簡易課税の選択によって、本則課税を選択した場合と比較して大きな不利が生じないことを確認してください。

対応③課税事業者（簡易課税）になる

メリット

- インボイスの発行が可能
- 消費税の申告が、本則課税よりもカンタン
- 仕入先がインボイスを発行できなくても不利とはならない

デメリット

- 消費税の納税が発生する
- 仕入れで支払った消費税のほうが多い人は還付が受けられなくなる
- 2期（2年間）は簡易課税を続ける必要がある

インボイスも発行できるし、事務負担も少ないし、いちばん現実的だね

「免税事業者時代に仕入れて、課税事業者となる期に繰り越される在庫が多い人」は注意！
本則課税なら、その在庫（期首棚卸資産）の消費税額を控除できる特例があるけれど、簡易課税だと使えない。
つまり本則課税よりも不利になる可能性があるんだ

NEXT ▼ 消費税簡易課税制度選択届出書の書き方

Question フードデリバリー（出前の配達員）には影響しないですか？（→P59）

消費税簡易課税制度選択届出書の書き方

資料のダウンロード先 ＞ 国税庁のホームページ→

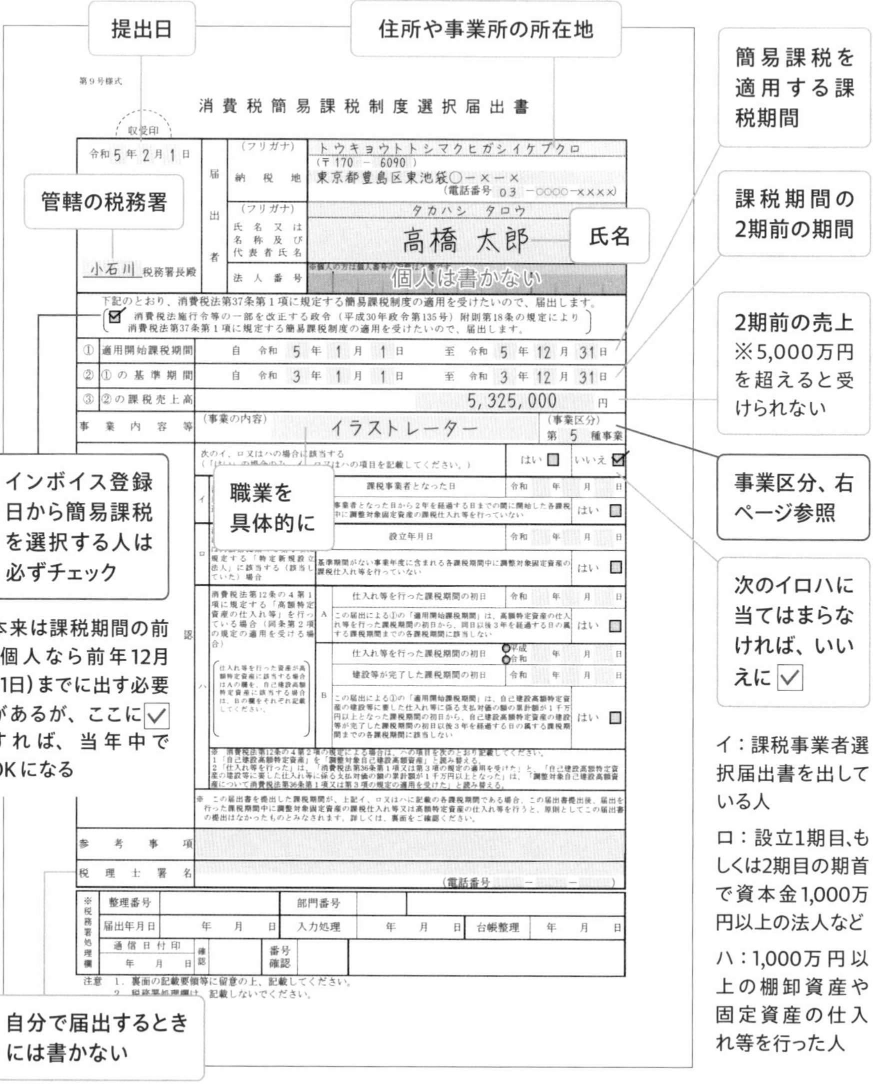
第９号様式

消費税簡易課税制度選択届出書

収受印 令和５年２月１日	届出者	（フリガナ）	トウキョウトトシマクヒガシイケブクロ
		納税地	（〒170 － 6090） 東京都豊島区東池袋〇－×－× （電話番号 03 －〇〇〇〇－××××）
		（フリガナ）	タカハシ　タロウ
		氏名又は名称及び代表者氏名	高橋　太郎
小石川 税務署長殿		法人番号	

下記のとおり、消費税法第37条第１項に規定する簡易課税制度の適用を受けたいので、届出します。

☑（消費税法施行令等の一部を改正する政令（平成30年政令第135号）附則第18条の規定により消費税法第37条第１項に規定する簡易課税制度の適用を受けたいので、届出します。）

①	適用開始課税期間	自 令和５年１月１日	至 令和５年12月31日
②	①の基準期間	自 令和３年１月１日	至 令和３年12月31日
③	②の課税売上高	5,325,000円	
事業内容等		（事業の内容）イラストレーター	（事業区分）第５種事業

次のイ、ロ又はハの場合に該当する（「はい」の場合のみ、イ、ロ又はハの項目を記載してください。）　はい☐　いいえ☑

イ		課税事業者となった日	令和　年　月　日
		事業者となった日から２年を経過する日までの間に開始した各課税中に調整対象固定資産の課税仕入れ等を行っていない	はい☐
ロ		設立年月日	令和　年　月　日
	規定する「特定新規設立法人」に該当する（該当していた）場合	基準期間がない事業年度に含まれる各課税期間中に調整対象固定資産の課税仕入れ等を行っていない	はい☐
ハ	消費税法第12条の４第１項に規定する「高額特定資産の仕入れ等」を行っている場合（同条第２項の規定の適用を受ける場合） （仕入れ等を行った資産が高額特定資産に該当する場合はＡの欄を、自己建設高額特定資産に該当する場合は、Ｂの欄をそれぞれ記載してください。）	Ａ　仕入れ等を行った課税期間の初日	令和　年　月　日
		Ａ　この届出による①の「適用開始課税期間」は、高額特定資産の仕入れ等を行った課税期間の初日から、同日以後３年を経過する日の属する課税期間までの各課税期間に該当しない	はい☐
		Ｂ　仕入れ等を行った課税期間の初日	〇平成 〇令和　年　月　日
		Ｂ　建設等が完了した課税期間の初日	令和　年　月　日
		Ｂ　この届出による①の「適用開始課税期間」は、自己建設高額特定資産の建設等に要した仕入れ等に係る支払対価の額の累計額が１千万円以上となった課税期間の初日から、自己建設高額特定資産の建設等が完了した課税期間の初日以後３年を経過する日の属する課税期間までの各課税期間に該当しない	はい☐

※　消費税法第12条の４第２項の規定による場合は、ハの項目を次のとおり記載してください。
1「自己建設高額特定資産」を「調整対象自己建設高額資産」と読み替える。
2「仕入れ等を行った」は、「消費税法第36条第１項又は第３項の規定の適用を受けた」と、「自己建設高額特定資産の建設等に要した仕入れ等に係る支払対価の額の累計額が１千万円以上となった」は、「調整対象自己建設高額資産について消費税法第36条第１項又は第３項の規定の適用を受けた」と読み替える。

※　この届出書を提出した課税期間が、上記イ、ロ又はハに記載の各課税期間である場合、この届出書提出後、届出を行った課税期間中に調整対象固定資産の課税仕入れ等又は高額特定資産の仕入れ等を行うと、原則としてこの届出書の提出はなかったものとみなされます。詳しくは、裏面をご確認ください。

参考事項	
税理士署名	（電話番号　－　－　）

※税務署処理欄	整理番号		部門番号			
	届出年月日　年　月　日		入力処理　年　月　日		台帳整理	年　月　日
	通信日付印　年　月　日	確認	番号確認			

注意　1．裏面の記載要領等に留意の上、記載してください。
2．税務署処理欄は、記載しないでください。

本来は課税期間の前（個人なら前年12月31日）までに出す必要があるが、ここに☑すれば、当年中でOKになる

イ：課税事業者選択届出書を出している人

ロ：設立1期目、もしくは2期目の期首で資本金1,000万円以上の法人など

ハ：1,000万円以上の棚卸資産や固定資産の仕入れ等を行った人

いつまでに提出するの？

本来なら、簡易課税を受けたい課税期間の前日まで（個人は1月1日～12月31日が期になるので、前年12月31日まで）
ただし、インボイス開始にともなう特例で、2029年9月30日までの日の属する期にインボイス発行事業者の登録を受ける場合は、登録日の属する期の最終日まで（個人なら簡易課税を受ける年の12月31日まで）認められる

事業区分って何ですか？

職業をざっくり6つに分類したもの。

事業区分	業種	みなし仕入率
第1種事業	卸売業	90%
第2種事業	小売業、農業・林業・漁業（飲食料品の譲渡に係る事業に限る）	80%
第3種事業	農業・林業・漁業（飲食料品の譲渡に係る事業を除く）、鉱業、建設業、製造業、電気業、ガス業、熱供給業および水道業	70%
第4種事業	第1種事業、第2種事業、第3種事業、第5種事業および第6種事業以外の事業（飲食店業など）	60%
第5種事業	運輸通信業、金融業および保険業、サービス業（飲食店業に該当するものを除く）	50%
第6種事業	不動産業	40%

仕入原価の高い卸売業はみなし仕入れ率が高く、仕入原価の低い不動産業は40%と低くなっている。
だいたいのフリーランスは第5種事業になる。詳細が気になる人は国税庁ホームページのフローチャートで確認しよう。
1つの事業者が複数の事業区分にまたがることもあるよ

国税庁HP→

NEXT▼負担軽減措置で支払額が売上消費税の2割になる

Answer 顧客である依頼主は事業者であるため、影響があります。

［PART2］免税事業者はどう対応したらいい？

負担軽減措置で支払額が売上消費税の２割になる

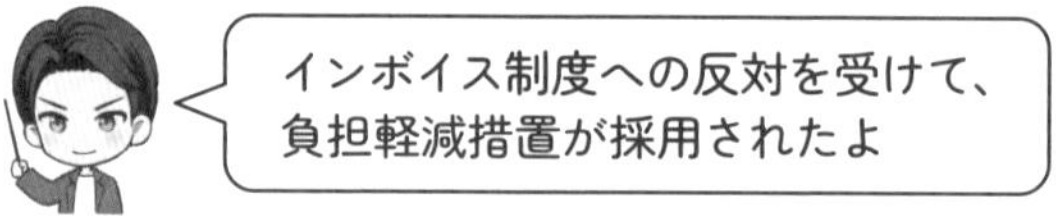

2022 年 12 月 16 日、与党から令和 5 年度税制改正大綱が発表されました。制度への反対意見が多かったことを受け、大綱では、いくつかの負担軽減措置が決定しています。

まず、インボイス制度開始にともない、いきなり多額の増税となってしまうことを軽減する措置が置かれます。2023 年 10 月 1 日から 2026 年 9 月 30 日をふくむ課税期間は、消費税納税額を売上消費税の 2 割にできます（2 割特例）。

この軽減措置の適用に事前の届け出は必要ありません。つまり、本来の消費税の計算結果（売上消費税から仕入消費税を差し引いた額、または簡易課税制度を適用した額）と比較して適用するか決められます。適用するには、確定申告書にその旨を付記します。

また、事業者の事務負担を軽減するための経過措置もあります。2023 年 10 月 1 日から 2029 年 9 月 30 日までの課税仕入については、1 万円未満の少額の取引について、インボイスなしでも仕入税額控除が認められます（少額特例）。

ただし、この対象は、2 期前の課税売上高が 1 億円以下の事業者と、前年上期の課税売上高が 5,000 万円以下の事業者に限られます。

新たに導入された負担軽減措置

負担軽減措置その❶（2026年9月30日をふくむ期間まで）

消費税の支払額が売上消費税の２割になる

＜フリーランスの場合＞

売上770万円（うち消費税70万円）

仕入330万円（うち消費税30万円）

本則課税のとき	簡易課税のとき	軽減措置のとき
40万円納税	35万円納税	14万円納税
売上消費税−仕入消費税 70−30＝40万円	売上消費税×みなし仕入率 70×50%＝35万円 ※第5種事業の場合	売上消費税×20% 70×20%＝14万円

この軽減措置は事前の届出がいらないよ

負担軽減措置その❷（2029年9月30日まで）

1万円未満の取引ならインボイスなしで仕入税額控除可能

※２期前の課税売上が１億円以下の事業者など

帳簿に書いておけばいいんだね。
でもインボイス以前は３万円未満まで
OKだったのになあ

NEXT▼シミュレーションしてみよう

シミュレーションしてみよう

フリーランスのWebデザイナー・エンジニアの場合

売上高	550万円	うち消費税50万円
通信費	22万円	うち消費税2万円
旅費交通費	33万円	うち消費税3万円

❶本則課税　消費税納税額＝50万円－（2万円＋3万円）＝45万円

❷簡易課税　（サービス業は第5種事業、みなし仕入率は50%）
消費税納税額＝50万円－（50万円×50%）＝25万円

❸軽減措置　消費税納税額＝50万円×20%＝10万円

フリーランスのWebデザイナーなどで、経費があまりかからないような場合は、簡易課税のほうが有利。2026年までは２割負担の軽減措置も使えるよ

卸売業の場合

売上高	990万円	うち消費税90万円
仕入高	770万円	うち消費税70万円
設備投資	330万円	うち消費税30万円

❶本則課税　消費税納税額＝90万円－（70万円＋30万円）＝△10万円（還付される）

❷簡易課税　（卸売業は第１種事業、みなし仕入率は90%）
消費税納税額＝90万円－（90万円×90%）＝9万円（納付）

❸軽減措置　消費税納税額＝90万円×20%＝18万円（納付）

消費税がかかる経費の割合が多い場合は、本則課税のほうが有利（消費税の支払額が少なくなる）。消費税が還付されることもあるんだ

店内飲食とテイクアウト両方を行っている飲食店の場合

店内飲食売上高	660万円	うち消費税60万円
テイクアウト売上高	540万円	うち消費税40万円 軽減税率につき8%

店内飲食は飲食業で「第4種事業（みなし仕入率60%）」。
一方、テイクアウトは製造業等で「第3種事業（みなし仕入率70%）」に該当。
この場合、それぞれの事業種別の売上に分けて消費税額を計算するよ※

●消費税納税額（簡易課税）の計算方法

［2業種にまたがる場合・簡便法］

売上にかかる消費税　　仕入れにかかる消費税を各みなし仕入率から割り出す

（60万円＋40万円）－（60万円×60%＋40万円×70%）

第4種事業分　　第3種事業分

＝36万円

※なお、複数の事業を行っている場合で、1種類の事業の売上高が全体の75%以上を占める場合には、その事業のみなし仕入率を全体の売上高に対して適用できる、などの特例もあります。

NEXT▼免税事業者に戻るとき（2年縛り）

〔PART2〕免税事業者はどう対応したらいい？

免税事業者に戻るとき（2年縛り）

登録した後に、免税事業者に戻ることも可能なんですか？

できるけど、少し時間がかかる場合があるよ

一度インボイス発行事業者登録をした後でも、登録を取り消したうえで免税事業者に戻ることが可能です。

登録を取り消す場合は、税務署へ「適《てき》格《かく》請《せい》求《きゅう》書《しょ》発《はっ》行《こう》事《じ》業《ぎょう》者《しゃ》の登《とう》録《ろく》の取《とり》消《け》しを求《もと》める旨《むね》の届《とどけ》出《で》書《しょ》」（以下「登録取消届出書」）を提出します。登録取消届出書は、翌期の初日から起算して、15日前（個人事業主であれば、12月17日）までに提出すれば、翌期から登録の取消しを受けられます。それに遅れた場合は、翌々期からの取消しとなります。

なお、登録時に「消費税課税事業者選択届」を提出した人は、「消《しょう》費《ひ》税《ぜい》課《か》税《ぜい》事《じ》業《ぎょう》者《しゃ》選《せん》択《たく》不《ふ》適《てき》用《よう》届《とどけ》出《で》書《しょ》」（以下「選択不適用届出書」）も提出しないと、課税事業者のまま（消費税の納税が必要）になります。提出を忘れないようにしましょう。選択不適用届出書は、登録取消届出書とは異なり、翌期が始まる前（個人事業主であれば、12月31日まで）に提出すれば、翌期から効力が認められます。

それから、免税事業者に戻れない期間もあるんだ

なお、登録を受けた日が2023年10月1日の属する課税期間以外の場合（個人事業主の場合は2024年1月以降の登録の場合）、2年間は免税事業者に戻れないという「2年縛り」があるので要注意です。

免税事業者に戻るには？

	Aさん 	Bさん 
インボイス発行事業者登録した日	2023年10月1日	2024年1月1日
登録時に提出した書類	適格請求書発行事業者登録申請書	適格請求書発行事業者登録申請書
	↓	↓
免税事業者に戻るときに必要な書類	適格請求書発行事業者の登録の取消しを求める旨の届出書	適格請求書発行事業者の登録の取消しを求める旨の届出書
いつから戻れる？	次の期間（2024年1月1日～）	2期後（2026年1月1日～）

登録日によって戻れる日が
変わるのか…複雑

インボイス制度開始に合わせて、登録しやすいようにいろんな特例があるからね。
その他にも、「特定の資産を購入後3年は簡易課税を選べない」などの縛りがあるよ

NEXT ▼ 免税事業者が気になるインボイスQ&A

Question 配送業者には影響はありますか？（→P67）

免税事業者が気になる

インボイスQ&A

副業サラリーマンとインボイス制度

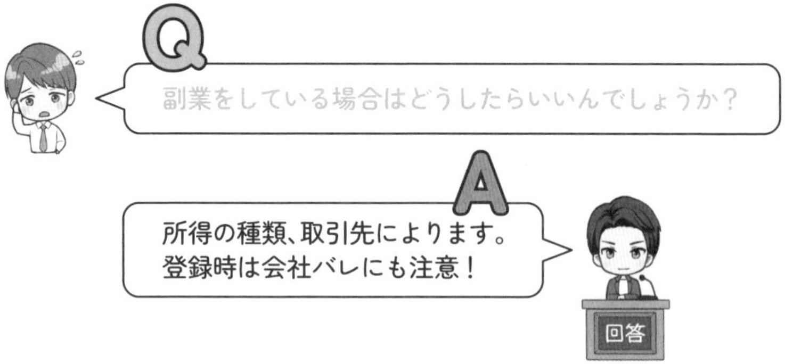

副業で生じる所得の種類により、インボイス制度の対象となる場合があります。

まず、副業の所得が給与所得であれば、給与には消費税がかからないため、影響はありません。

一方、業務請負や物品販売などで、事業所得や雑所得となる場合は、取引先（顧客）にインボイスを求められる可能性があります。

顧客が消費者や免税事業者、簡易課税選択事業者であれば、インボイスを求められる可能性は低いでしょう。

ただし、顧客が本則課税を選択している課税事業者であれば、インボイスを要求される場合があるため、インボイス登録を検討しましょう。その場合、登録番号を公開すると公表サイトで本名がわかってしまうので、「会社バレ」にも注意が必要となります。

メルカリ、YouTubeなどのライブ配信、note、Skebなどでの収益は？

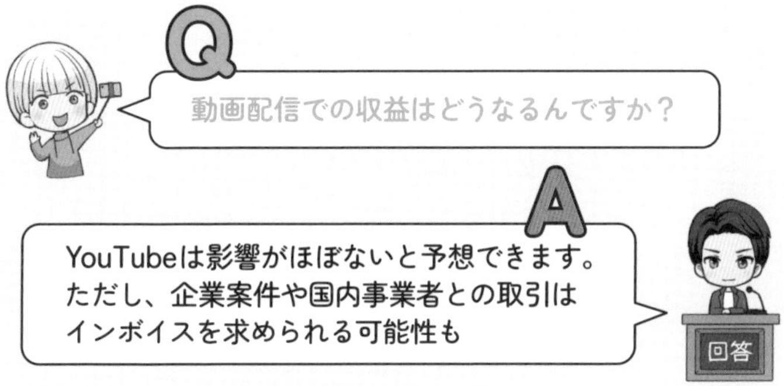

取引が事業所得、雑所得にあたり、課税取引となればインボイス制度の影響を受けるおそれがあります。ただし顧客からインボイスを求められないのであれば、無視しても問題ありません。

たとえば、個人がメルカリなどに出品する場合、そもそも消費税が不課税です（事業として行う場合は除く）。顧客も消費者であればインボイスを求められません。

また、YouTube の広告収益については、海外事業者との取引のため、不課税です。そもそも消費税がかからないため影響はありません。

ただ、企業案件や国内の配信媒体での収益では、インボイスを求められる可能性があります。

その他、クリエイターの作品の仲介サイトでは、インボイス登録の有無で卸値を変更するなどの動きが出ています。

NEXT▼［PART2］まとめ

Answer 顧客である依頼主は事業者であるため、影響があります。

[PART2] まとめ

免税事業者には3つの対応が考えられる
①免税事業者のまま
②課税事業者になってインボイス発行事業者になる
(本則課税)
③課税事業者になってインボイス発行事業者になる
(簡易課税)

---

①顧客が消費者、免税事業者でインボイスを求められない人が対象

メリット 納税額、事務手続きが増えない

デメリット インボイスを発行できないため、新規で課税事業者と取引しにくい

---

②顧客からインボイスを求められる人が対象

メリット インボイスを発行できる
仕事が減る不安や顧客との交渉が必要ない

デメリット 納税額が増える。申告などの手間が増える

※基本的には③のほうがおトクでラク。支払う消費税が多い人が選ぶ

---

③顧客からインボイスを求められる人(基準期間の課税売上5,000万円以下)が対象

メリット インボイスを発行できる
仕事が減る不安や顧客との交渉が必要ない

デメリット 納税額は免税事業者よりも増える

※②より税額計算がラクで納税額が抑えられることが多い

PART 3

免税事業者と取引する場合は？

免税事業者と取引する場合、課税事業者の負担が増えるんだって。その影響と対策法を紹介！

課税事業者も「関係ないね」では済まない

インボイス制度は、免税事業者に与える影響が非常に大きいのですが、仕入れや外注費の支払いなどで免税事業者と取引する課税事業者にも大きな影響を与えます。というのも、仕入先の免税事業者がすべてインボイス登録してくれるとは限らないからです。

仕入先が免税事業者のまま、インボイス制度が開始されると、課税事業者は仕入税額控除が受けられなくなり、消費税分の負担増となってしまいます。

これを避けるためには、免税事業者に課税事業者になってもらうほか、取引価格を引き下げてもらうことが考えられます。しかし、強引な価格交渉などは「独占禁止法」「下請法」「建設業法」に抵触するおそれがあるので要注意です。

小規模事業者との取引が多い業種は要注意

仕入先などが課税事業者だけの業界では、インボイス制度の影響は大きくはありません。ただし、個人のシステムエンジニアや一人親方など、小規模事業者との取引が多い業種では注意が必要です。

IT業界や建設業界など、人手不足が常態化しているような業種では、必ずしも買い手である依頼主の立場が強いとは限りません。

仕入先などがインボイス発行事業者の登録を拒否すれば、経費にふくまれる消費税の仕入税額控除が受けられなくなります。

取引関係を継続すれば課税事業者側の負担増になりますし、仕入先などとの値下げ交渉や課税事業者への移行交渉が決裂した場合、取引関係を停止すれば業務が回らなくなることも考えられます。

[PART3] 免税事業者と取引する場合は？

まずは、仕入先などが免税事業者かどうか確認する

最初に必要なのは、取引先（仕入先）への確認だよ

「免税事業者ですか」って聞くんですか？

インボイス制度が開始されれば、課税事業者にとっては仕入先などが免税事業者か課税事業者かによって、消費税の負担が大きく変わるおそれがあります。

そのため、課税事業者が行うインボイス制度対策の第一歩は、「仕入先などが免税事業者か否かの確認」です。多くの仕入先が課税事業者であればひと安心ですが、免税事業者の割合が大きければ、インボイス制度後の対応の検討が必要です。

とはいっても、いきなり仕入先に「免税事業者ですか？」と尋ねることは難しいでしょう。「売上高1,000万円以下ですか？」と聞いているようなものだからです。

たしかに気分はよくないかも

そこでたとえば、「インボイス制度に関する通知書兼確認書」（右ページ参照）の形で、「まずは自社のインボイス発行事業者の登録番号を通知し、仕入先の登録番号を聞く」という対応が望ましいと考えられます。その中で、インボイス制度への対応について確認をするのが、実務的には行いやすいでしょう。

具体的には、①免税事業者か課税事業者か、②インボイス発行事業者の登録を行う予定があるかなどを確認します。

仕入先などの登録状況をリサーチする

●仕入先などへの案内状の文例

20○○年○○月○日

お取引先様各位

株式会社○○○○
○○事業部

適格請求書発行事業者登録番号のご通知とご依頼について

拝啓 貴社ますますご清栄のこととお慶び申し上げます。平素より格別のご高配を賜り、厚く御礼申し上げます。

さて、2023年10月1日から、適格請求書等保存方式（いわゆるインボイス制度）の導入が予定され、税務署長に申請の上、登録を受けた「適格請求書発行事業者」が交付する「適格請求書」等の保存が、仕入税額控除の要件となります。

つきましては、弊社の適格請求書発行事業者登録番号をご通知すると共に、貴社の登録番号等について、弊社までご連絡をお願いいたします。

何卒、ご趣旨をご理解賜りいただけますよう、お願い申し上げます。

敬具

記

1. 弊社登録番号
T12345867×××××

自社の番号を伝える

2. 課税事業者のご確認及び登録番号に関するご依頼
以下の1～5のうち、該当する□ にチェック（✓）と必要事項の記入をお願いします。
□1. 私／当社は適格請求書発行事業者登録済です。登録番号は次のとおりです。
□2. 私／当社は課税事業者で、適格請求書発行事業者登録申請中／申請予定です
申請日または申請予定日：　　年　　月頃
□3. 私／当社は免税事業者ですが、課税事業者となり適格請求書発行事業者登録申請中／申請予定です。
申請日または申請予定日：　　年　　月頃
※2と3をご選択の場合、2023年3月31日までに取得願い、2023年 5月31日までにご連絡をお願い致します。
□4. 私／当社は免税事業者であり、適格請求書発行事業者登録を行う予定はありません。
□5. その他
※なお、弊社では、基本的には2023年10月20日締めの請求書から、適格請求書（登録番号の記載のあるもの）のみ、お引き受けする予定です。

相手の番号の通知期限があるなら併記する

3. 問い合わせ先
株式会社○○○○ ○○事業部 ××××
住所 電話番号 メールアドレス

以上

インボイス制度開始後の自社の対応が決まっていれば書きそえる

まずは仕入先の登録状況を把握しよう

フリーランス側にとっても顧客がどう考えているのか知っておくことが大事だね

NEXT▼取引継続でのコスト増加額を確認

Question 取引相手が国や役所の場合でも影響はありますか？（→P75）

［PART3］免税事業者と取引する場合は？

取引継続での コスト増加額を確認

免税事業者からの仕入れが多い企業は
早急に対策が必要

仕入れ分の消費税がコストUPに
なるわけか

仕入先などに免税事業者がいる場合は、まず、課税事業者になってもらうよう依頼します。ただし、応じてくれない場合、その仕入先へ支払った消費税については、仕入税額控除を受けられません。つまり課税事業者側の、消費税負担が増えることになります。

そのため、仕入先への調査を通じて、金額的にどの程度、消費税が負担増になるのかを把握しましょう。

影響が大きい場合には、別の課税事業者である仕入先との取引に切り替えることも検討します。

仕入先との交渉は実務者レベルで行われるはず
だから社内への周知徹底が必要だよ

インボイス制度の影響を和らげるために、制度開始から6年間は経過措置があります。

免税事業者からの課税仕入について、2023年10/1～2026年9/30までの3年間は80%、2026年10/1～2029年9/30までの3年間は50%、仕入税額控除を受けられます（P44～45参照）。

ただし裏を返せば、経過措置を使っても、免税事業者からの課税仕入れについては、はじめの3年間は20%、その後の3年間は50%、消費税の負担が増すことになります。

インボイス制度で課税事業者も税額が増える

免税事業者と付き合いのあるA社の場合

	税込価格	うち消費税（10%）
売上	220,000円	20,000円
仕入	110,000円	10,000円
免税事業者への外注費	66,000円	6,000円
利益	44,000円	―

●消費税納税額の変化

インボイス以前

売上にかかる消費税 ／ 仕入れにかかる消費税 ／ 納税

20,000－（10,000＋6,000）＝4,000円

インボイス開始後

20,000－10,000＝10,000円

10,000：免税事業者への支払分が控除できない

10,000円：（6,000円増）

免税事業者への支払額が同じままだと税負担が増えるんだ

免税事業者だって悪いことしてないのに…

経過措置（2026年9月30日までの3年間）

20,000－（10,000＋6,000×80%）＝5,200円

（インボイス以前より1,200円増）

NEXT▼交渉時には優越的地位の濫用に注意

Answer 国や役所も事業者であるため影響があります。

［PART3］免税事業者と取引する場合は？

交渉時には
優越的地位の濫用に注意

でも、取引打ち切りとか脅しですよね。やだやだ

「優越的地位の濫用」にならないよう注意が必要だよ

免税事業者からの仕入れは消費税の負担増になるため、取引条件について交渉するのもひとつの手です。公正取引委員会が 2022 年１月に公表した「免税事業者及びその取引先のインボイス制度への対応に関するＱ＆Ａ」においても、免税事業者との取引条件の交渉は、「取引当事者間の自主的な判断に委ねられる」とされています。

ただし、多くの免税事業者も仕入れなどで消費税を負担しています。そこで、先に挙げたＱ＆Ａでは、以下の場合（一例）は「優越的《ゆうえつてき》地《ち》位《い》の濫用《らんよう》」として、法律上問題となるおそれがあるとしています。

①消費税 10％ 分全額の値下げ要求など、免税事業者が負担している消費税をまかなえない程の値下げを強制的に行う、応じない場合の取引停止

②契約後に、免税事業者であることを理由に商品の受け取りを拒否

③取引価格を据え置く代わりに協賛金等の名目で高額な金銭を要求する

④要請にしたがって、課税事業者になったにもかかわらず、価格交渉の協議もなく取引価格を据え置く

なんだか難しくなってきました

つまり、免税事業者である売り手に、すべての（または大部分の）負担を一方的に押し付けるのは、法律上問題があるということです。

値下げの強要は法律上問題になることも…

優越的地位の濫用にあたるおそれがある行為

免税事業者及びその取引先のインボイス制度への対応に関するQ&A
（2022年1月19日公正取引委員会）

❶取引対価の値下げ

◯ 免税事業者への値下げ要求自体はOK

✕ 免税事業者が負担する消費税を無視した値下げ要求

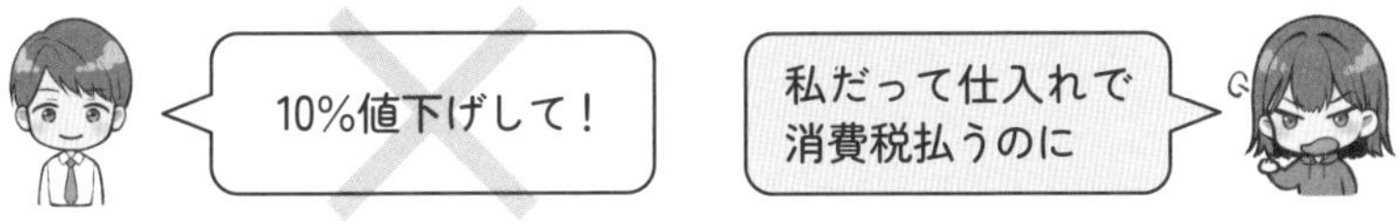

❷仕入先と契約後に受取拒否

❸価格据え置きの代わりに高額な金銭を要求する

❹要請にしたがって課税事業者になったにもかかわらず一方的に取引価格を据え置き

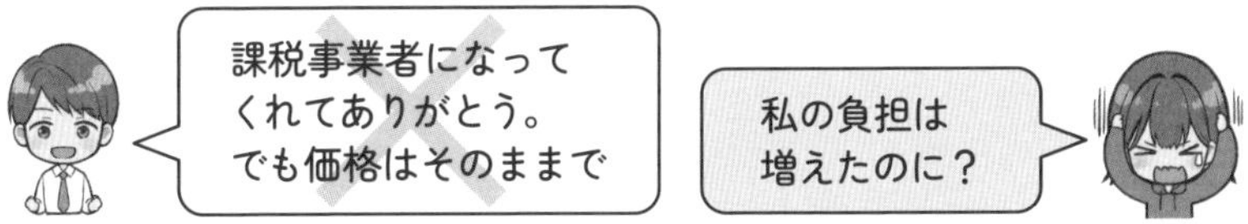

NEXT▼取引を継続する場合の3つの選択肢

Question 手書きのインボイスは無効ですか？（→P79）

［PART3］免税事業者と取引する場合は？

取引を継続する場合の3つの選択肢

課税事業者側も痛み分けをしろ
ということかぁ

慎重な交渉が必要になるね

課税事業者が免税事業者との取引を続ける場合には、以下のような選択肢が考えられます。

①仕入先にインボイス発行事業者になってもらう
②仕入価格の値下げ交渉を行う
③自社が本則課税を選択している場合は、簡易課税に変更する

①について、前提として課税事業者になってもらう必要があり、仕入先に消費税の負担が生じることを理解しておきましょう。また「課税事業者にならなければ、取引価格を引き下げる、取引を打ち切る」など一方的に通告することは、法律上、問題になるおそれがあります。

もうけるのは国だけで、どっちも被害者なんだよね…

②については、消費税10％分全額の値下げ要求は問題となります。

③については、基準期間の課税売上高が5,000万円以下の事業者であれば選択肢となります。

簡易課税を選択すると、実際に負担した消費税の金額に関係なく、売上の消費税の一定割合を仕入税額控除として消費税の納税額から控除できます。ただし、簡易課税の選択によって、本則課税と比較して大幅な消費税の負担増となる場合はやめたほうがいいでしょう。事前に詳細なシミュレーションを行うようにしてください。

①仕入先にインボイス登録してもらう

メリット

インボイス以前と同様に仕入税額控除が使える

デメリット

仕入先から値上げを要求される可能性がある

ポイントは“同価格での据え置き”を公正取引委員会が問題視していることだね

インボイス以前

	税込価格	うち消費税（10%）
売上	220,000	20,000
課税事業者からの仕入れ	110,000	10,000
免税事業者への外注費	66,000	6,000
利益	44,000	－
消費税納税額	**20,000－（10,000+6,000）＝4,000円**	

インボイス以降

※免税事業者から、インボイス登録にともない税込3,300円の値上げ要求があり、了承する

	税込価格	うち消費税（10%）	
売上	220,000	20,000	
課税事業者からの仕入れ	110,000	10,000	
インボイス登録した旧免税事業者への外注費	69,300	6,300	**＋3,300円**
利益	40,700	－	
消費税納税額	**20,000－（10,000+6,300）＝3,700円**		**－300円**

合計で3,000円の負担増

②仕入価格の値下げ交渉を行う

メリット

納税額増加分の負担を仕入先である
免税事業者に求められる

デメリット

納税額増加分の一部は課税事業者の負担

10%の値下げ強要はNG。益税部分にとどめる
よう公正取引委員会は求めているよ

インボイス以前

	税込価格	うち消費税(10%)
売上	220,000	20,000
課税事業者からの仕入れ	110,000	10,000
免税事業者への外注費	66,000	6,000
利益	44,000	−
消費税納税額	**20,000−(10,000+6,000)=4,000円**	

インボイス以降

※免税事業者に対して税込3,300円の値下げを要請し、
了承をもらう

	税込価格	うち消費税(10%)	
売上	220,000	20,000	
課税事業者からの仕入れ	110,000	10,000	
免税事業者への外注費	62,700	−	**−3,300円**
利益	47,300	−	
消費税納税額	**20,000−10,000=10,000円**		**+6,000円**

合計で2,700円の負担増

③自社が簡易課税を選択する

メリット

インボイスがなくても一定の仕入税額控除が使える
→免税事業者から仕入れても大きく負担が増えない

デメリット

・課税売上5,000万円以下の事業者しか選択できない
・本則課税より損する可能性もある

設備投資などで仕入れにかかる消費税が多いときは、本則課税のほうがおトクだよ

インボイス以前

	税込価格	うち消費税（10%）
売上	220,000	20,000
課税事業者からの仕入れ	110,000	10,000
免税事業者への外注費	66,000	6,000
利益	44,000	−
消費税納税額	**20,000−（10,000+6,000）=4,000円**	

インボイス以降　※簡易課税制度を選択　みなし仕入率80％で計算

	税込価格	うち消費税（10%）	
売上	220,000	20,000	
課税事業者からの仕入れ	110,000	10,000	
免税事業者への外注費	66,000	−	±0円
利益	44,000	−	
消費税納税額	**20,000−（20,000×80%）=4,000円**		±0円

負担に変更なし

NEXT▼インボイスの特例が適用される業界もある

［PART3］免税事業者と取引する場合は？

インボイスの特例が適用される業界もある

インボイスの関係のない世界に
行きたいなぁ（遠い目）

じつは、インボイスの影響を
まぬがれた業界があるんだよ

免税事業者から仕入れを行う場合、仕入先へインボイス発行事業者登録を依頼する、取引価格の交渉を行うなどの対策が必要です。

ただし、業種によってはそれが不可能な場合もあります。

たとえば、リサイクルショップや中古車販売業者、住宅売買を扱う宅建業者などは、仕入れを一般の消費者から行うことも多く、そのような場合はインボイスを入手できません。

それらの事業者の税負担が過大とならないよう、特例が認められています。古物商が消費者から中古品を仕入れる場合や、宅建業者が消費者から建物を購入する場合などは、一定の項目を記載した帳簿の保存のみで、仕入税額控除が認められます。

へぇ。インボイス不要の業界もあるのか。うらやましい

そのほか、農協や漁協などを通した委託販売等については、売り手と買い手が１対１でひもづかないため、インボイスの交付が困難です。そのため、農家や漁師がインボイスを発行しなくても、農協や漁協が発行した一定の書類を保存することにより、買い手である卸売業者などは仕入税額控除が認められるという特例があります。

ただし、農家が直接飲食店等に農作物を販売する場合は、原則通り、インボイスなしでは飲食店等は仕入税額控除を受けられません。

インボイスなしでもOKな業種

●免税事業者や消費者からの仕入れが多い業種

・古物営業
・質屋
・宅地建物取引業
・再生資源業を営む事業者
※販売目的で古物、質物、建物を購入した場合に限る

消費者はインボイス登録しないからね

●農協、漁協、森林組合を通した委託販売

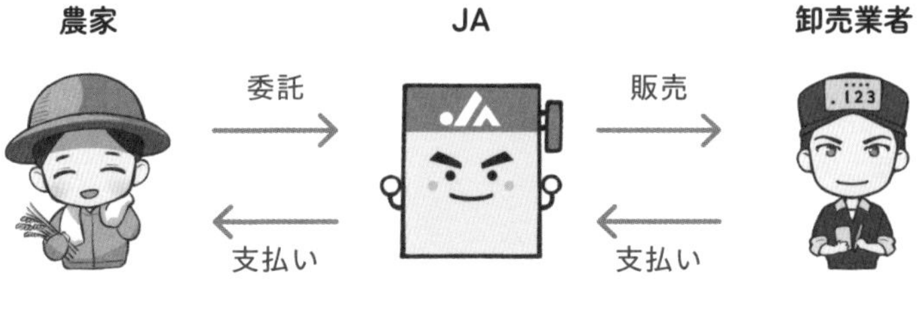

農家がインボイスを卸売業者に出さなくても
卸売業者は仕入税額控除できるよ

※例外

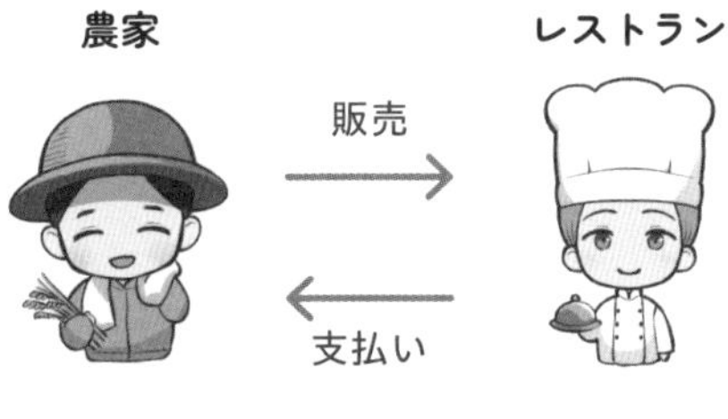

※農協などを通さない取引では、仕入税額控除にインボイスが必要

NEXT▼要注意の業界はこれだ！

［PART3］免税事業者と取引する場合は？

要注意の業界・取引はこれだ！

逆に影響が大きい業界は
どこなんですか？

業務委託が多い業界は注意が必要だね

インボイス制度では、売り手が消費税を新たに負担するケースが大半ですが、業界の力関係により、買い手で消費税分を負担するケースもあります。

たとえば、業務委託が多い業種のうち、人手不足が常態化している建設業などです。たとえ委託先の一人親方が免税事業者で、インボイス発行事業者の登録を行ってくれなくても、業務を依頼するしかない場合もあるでしょう。

代わりがいなければ、頼むしかないもんねぇ

また、個人の不動産オーナーからオフィスなどを借りているテナントも、影響を受けるケースがあります。不動産オーナーが免税事業者の場合、支払う家賃に関するインボイスが発行されず、借り手は負担増になってしまいます。借り手であるテナント側から、家賃の値下げを求めたとしても、応じてくれない不動産オーナーも多いでしょう。

さらに、売り手の希少性が高く、買い手の立場が弱い場合があります。たとえば、講師を招いてセミナーを開催するときなどです。講師が有名な人で他の人への依頼が難しければ、インボイス登録を行ってくれないことを理由にした値下げ交渉はしにくいでしょう。地位を確立した芸能人などに仕事を依頼している事業者も同様です。

インボイスの影響が大きい業界・取引

●業務委託が一般的で人材不足が激しい

➡ 建設業（委託先に一人親方が多い）
➡ IT業界（SEに業務委託している）

インボイスを求めたら人手が集まらない

●売り手の希少性が高い

➡ 講師派遣業
➡ 芸能、芸術、スポーツ関連

代わりがいないから交渉しにくい

●オフィスなどの賃貸借

➡ 個人の不動産オーナーは免税事業者であることも多い

大家さんは意外と個人が多いし
居住用（消費税非課税）との違いを理解してくれない

こうした業界でなくても、売り手に立場の強い免税事業者が多い場合は要注意

NEXT ▼「PART3」まとめ

Question YouTuberとして広告収益を得ていますが、影響はありますか？（→P86）

［PART3］まとめ

済 免税事業者から仕入れる課税事業者は、仕入税額控除が使えなくなるため、納税額が増えるおそれがある

済 免税事業者から仕入れる課税事業者には3つの対応が考えられる

①仕入先にインボイス登録してもらう

②仕入価格の値下げ交渉を行う

③自社が簡易課税を選択する

済 ①仕入先にインボイス登録してもらう

メリット 仕入税額控除が使える

デメリット 仕入先からの値上げ要求が発生するおそれがある

済 ②仕入価格の値下げ交渉を行う

メリット 納税が増える分の負担を仕入先に請求できる

デメリット 消費税分10%の値下げは法律上問題となるおそれがあり、相応の負担増が求められる

済 ③自社が簡易課税を選択する
（基準期間の課税売上5,000万円以下の事業者が対象）

メリット 仕入税額控除が使える

デメリット 仕入れでの消費税額が多い事業者は、本則課税のほうが有利

 Answer YouTubeの広告収益は消費税不課税取引なので影響はありません。

PART 4

ケーススタディー

インボイス制度開始で起こる問題について、3つの立場の方を再現。ご自身の立場に近いものを参考にしてみてくださいね

場面に合わせて イメージしてみよう

インボイス制度は、益税の解消、つまり増税のための制度なので、売り手と買い手のどちらか、または双方の負担が増えるしくみになっています。そのため、インボイス制度後も取引の継続を考えている取引先（顧客・仕入先）とは、事前に十分な交渉が必要です。

免税事業者は、インボイスを発行するために課税事業者になるのか、また免税事業者・課税事業者ともに取引価格を据え置くのか、値上げまたは値下げをするのか、話し合うことになります。

取引関係はお互いの信頼があってこそ成り立つもの。制度をきちんと理解して、相手に一方的に負担を押し付けないよう、ていねいな態度で臨みましょう。

交渉の前に確認しておこう

- ☑ 交渉相手が占める売上割合はどれくらい？
- ☑ 交渉相手がインボイスを求めてきた場合
自分の負担はどれくらい増えそう？
- ☑ 交渉相手の年商（課税売上）はどれくらい？

売り手と買い手の本音を解説

本章では、インボイス制度の影響を受けやすい「SES 契約のエンジニア」「事業用物件の大家」「一人親方」の 3 つのシチュエーションを再現します。

これらのケースでは、買い手がある程度の規模の課税事業者（本則課税）の場合が多く、インボイス制度の影響が大きいのです。

売り手もしくは買い手の一方が、増税分をすべて負担すると割り切れば、丸く収まりますが、誰もが損をしたくないというのが本音なので、なかなかそうもいかないでしょう。

どうすれば有利な条件で仕事が続けられるのか。ご自身に置き換えながら、参考にしてください。

Case 1

エンジニア　佐藤さん

請負契約で働くエンジニア
依頼元 1 社の仕事のみで生計を立てている

Case 2

大家　鈴木さん

近隣の事業者に物件を貸している大家

Case 3

一人親方　田中さん

建設業者から委託を受けて働く一人親方
複数の業者との取引がある

［PART4］ケーススタディー

Case 1

依頼主とエンジニアの交渉

依頼元の社員

お疲れさまです

エンジニア佐藤

お疲れさまです

社員

そういえば佐藤さん、インボイスの
登録番号を来月までに申告してね

エンジニア

えっ？　ぼく登録必要なんですか？

社員

佐藤さん、SES契約（準委任契約の一種）でしょ？
インボイスがないとダメらしいんだよ

エンジニア

インボイスって、消費税負担が
増えるやつですよね？

エンジニア

今でも結構カツカツなんですよ。その分、
単価が上がればいいですけど

社員

そう言われてもねぇ。インボイスがないと
うちが損しちゃうんだよ

社員

インボイス登録が無理なら、契約更新も
難しいかもよ。とにかく登録よろしくね！

エンジニア

ええっ！

税理士ナガイの解説

請負契約や準委任契約などの業務委託契約は、消費税がかかる課税取引であるため、依頼主が課税事業者であればインボイスを要求されることがあるでしょう。

ただしP76で触れたように、インボイスが発行できないことを理由とした一方的な値下げや、契約の打ち切りは、違法となるおそれがあります。

この社員のように、一方的にインボイス登録を強要したり、契約の打ち切りをほのめかしたりすることは、交渉としては禁じ手です。

アドバイス

依頼主からインボイス登録の指示があった場合、登録する代わりに、負担が増える分の値上げ交渉をしてみてはいかがでしょうか。全額の値上げは難しくても、一部の値上げであれば認めてくれるかもしれません。これは、エンジニア以外の多くのフリーランスでも使える交渉方法になります。

［PART4］ケーススタディー

Case 2
不動産管理会社と大家の交渉

ごぶさたしてます、鈴木さま。お変わりないですか？

不動産管理会社社員

ああ。おかげさまで最近は
退去も少ないようだね

大家　鈴木

そうなんですよ。非常に人気のある物件のようで

社員

それで、その物件は居住用ではないので、
インボイスが必要になるんですけど…

社員

インボイス？　なんだそれは？

大家

インボイスを発行してもらわないと、テナント
さんが消費税分の負担増となるもので…

社員

私は消費税なんてもらってないぞ？

大家

テナントさんとしては、消費税込での支払いをして
いました。これまでは、その分を控除できていたの
ですが、控除ができなくなってしまいます

社員

なんだかよくわからんが、面倒はゴメンだ

大家

いや、その。困ったなあ

社員

税理士ナガイの解説

居住用物件の家賃は消費税がかからないため、インボイスは不要ですが、事業用物件の家賃には消費税がかかります。よって免税事業者で、事業用物件を扱っている貸し手の方は注意が必要です。

貸し手は意識していなくても、借り手が仕入税額控除を受けている可能性があり、その場合はインボイスを求められることがあります。

アドバイス

貸し手がインボイスを発行できないと、借り手の税負担が増えてしまいます。つまり、実質的な家賃の値上げになってしまいます。大家としては、インボイスを発行するために課税事業者になるか、または、もうけを減らしてでも退去を防ぎたいのであれば、免税事業者のままで家賃を下げるのもひとつの方法です。

NEXT▼Case3 建設会社と一人親方の交渉

Case 3

建設会社と一人親方の交渉

お疲れさま。今回の現場、大変だったよ

一人親方 田中

田中さん、お疲れさまです。ところで、インボイス制度はご存じですか？

建設会社社員

インボイスねぇ。最近話題になっているけど、増税なんだろ？　俺やだよ

一人親方

インボイスをいただけないと、うちが増税になってしまうんですよ

社員

この業界、人手不足だろ。そんな面倒言われるなら考えちゃうな

一人親方

そんなことおっしゃらずに…

社員

じゃあ、インボイスの話はなし。これまで通りで頼むよ

一人親方

ですからこちらが負担増になってしまうので値下げを…

社員

なんだって!?　そんなこと言うならもう仕事引き受けないよ!?

一人親方

……

社員

税理士ナガイの解説

請負契約でも、人手不足が深刻な建設業界などでは、仕事を受ける側が優位に立つことがあります。

依頼主が課税事業者の場合、そのままの契約条件では、消費税の控除額が減り、消費税の負担が増えてしまう可能性があるため、インボイス登録を要請されることもあります。

そのような依頼主からの依頼を断っても仕事量が維持できるのであれば、免税事業者のままで仕事を受けないという選択もあります。

アドバイス

あなたが依頼主に対して優位性を保てるのであれば、免税事業者のままでいるということも考えられます。そうでなければ、依頼主の要請に応じて、課税事業者になるか、値下げを検討する必要があります。

NEXT▼「PART4」まとめ

［PART4］まとめ

済 インボイス制度の開始にあたって、取引先（顧客・仕入先）との交渉は必須

①インボイス発行事業者登録の必要性の有無

②取引価格（負担増分をどちらが負うのか）

上記2点が争点になる

済 インボイス発行事業者登録が必要な免税事業者の場合、負担増分の値上げ交渉を行う

（課税事業者が登録要請をしておきながら、価格据え置きを強制するのは法律違反のおそれがある）

済 人手不足などの理由で、インボイス発行事業者の登録をしなくても仕事量が維持できるのであれば、免税事業者のままで押し通す手もある

PART 5

インボイス対応に役立つツール

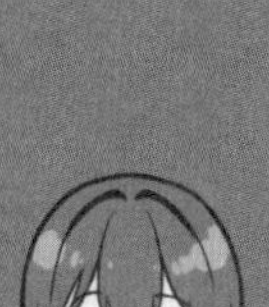

インボイスの事務負担を軽減するには、
会計ソフトの導入がおすすめ。
コストや機能について解説しているよ

会計ソフトの導入で インボイス対応がラクになる

P55 でも紹介したように、インボイスの発行には、インボイス発行事業者の登録番号、適用税率、税率ごとの消費税額を、今の請求書に追記すれば OK です。基本的には今の請求書や領収書に多少手を加えるだけで済みます。ただし、必要な記載事項が漏れないよう注意しましょう。

加えてインボイスを受け取ったときは、その取引先（仕入先など）がインボイス発行事業者かなどの確認作業が発生します。さらに、インボイスの保存の義務も考えると、インボイスの発行ができ、受け取ったインボイスの管理が可能な会計ソフトを導入するのもひとつの方法です。

［個人事業主の会計ソフトの利用率］

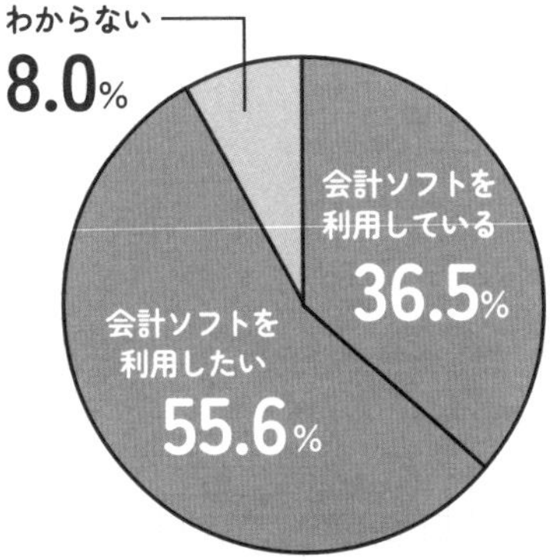

［個人事業主の会計ソフトの利用形態］

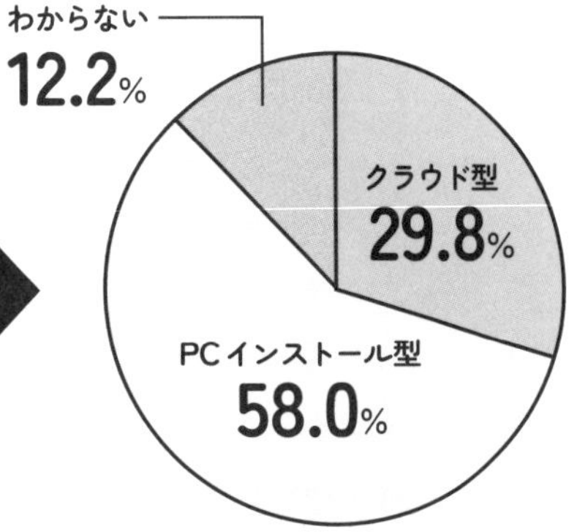

「クラウド会計ソフトの利用状況調査」（2022 MM総研）

月1,000円程度で、業務効率化が期待できる

ひと口に会計ソフトといっても、今の会計ソフトは多機能化が進んでおり、帳簿記入はもちろん、請求書、領収書の発行、確定申告までワンストップで行えます。

また、クラウド型であれば常に、インストール型なら最新バージョンへのアップデートで、税制の変更などに対応できます。

もちろん、その分コストはかかりますが、最低限、必要な機能のみのバージョンであれば、月1,000円程度で利用できます。2024年から始まる電子データ保存の義務化にも、各種会計ソフトは対応する予定です。請求書や領収書がある程度発生する事業者なら、会計ソフトの導入で、業務を大幅に効率化できます。

やることの山

会計ソフトの導入を検討する

会計ソフトって何をしてくれるの？

帳簿や請求書の作成を効率的にしてくれるよ

会計ソフトを使用していない事業者は、エクセルや紙で帳簿をつけたり、請求書や領収書を作成していると思います。前述の通り会計ソフトには数多くのメリットがあるので、インボイス制度への対応を機にぜひ導入を検討してみてください。IT アレルギーの人も、一度慣れてしまえば手放せなくなるはずです。

けっこうコストもかかるから、慎重に選びたいなあ

会計ソフトには、大きく分けて「インストール型」と「クラウド型」の2種類あります。

インストール型は、パッケージソフトをパソコンにダウンロードして使用します。パソコン内で操作を行うので、動きが速いというメリットがあります。

一方クラウド型は、インターネット上のオンラインで操作をするもので、基本的にはパソコンへのダウンロードは不要です。常に最新の税制に対応しているというメリットがあります。

その他にも、大手の会計ソフトは相談窓口を設けています。自分で確定申告を行っていたり、相談できる税理士がいなかったりする場合は、帳簿や請求書などの作成で困ることも多いでしょう。相談先をつくるという意味でも会計ソフトの使用はおすすめできます。

会計ソフトで事務作業を効率化する

会計ソフトの種類

クラウド型	インストール型
● クラウド上のソフトを利用 ● 月額（年額）のコストが継続的にかかる ● 税制改正にすぐに対応できる	● ソフトを購入しパソコンにインストールする ● 一度購入すれば、そのまま使える ● 税制改正などではバージョンアップが必要。追加費用が必要になることも

会計ソフトの主な機能

記帳	画面上で入力すると帳簿が作成できる
自動仕訳	銀行口座やクレジットカードの明細をもとに、自動で仕訳を作成してくれる
レシート撮影	スマホのカメラで撮影すると、データ化して取り込んでくれる
確定申告書の作成	確定申告に必要な書類が作成できる
請求書の作成	請求書が作成でき、手数料を払えば取引先へ郵送もしてくれる
スマホアプリ	専用アプリで手軽に帳簿記入ができる
分析レポート	経営状態を分析してくれる
消費税申告	消費税の申告ができる
サポート	メールやチャット、電話でのサポートが受けられる

NEXT ▼ 税理士ナガイのおすすめ！会計ソフト

Question 理容室や美容室には影響しないですか？（→P103）

税理士ナガイの おすすめ！ 会計ソフト

インストール型

やよいの青色申告（個人）

費用 ベーシックプラン　12,000円（年）

機能 ベーシックプランの場合

記帳	○	請求書の作成	△※
自動仕訳	○	スマホアプリ	○
レシート撮影	△※	分析レポート	○
確定申告書の作成	○	消費税申告	○
電子申告	○	サポート	○

○：対応、△：プランによる制限有り
※　別アプリでの提供

個人事業主のシェアが約54%と圧倒的No.1（2022年MM総研調べ）。ベーシックプランなら、チャットやメールの他、電話でのサポートにも対応している点も安心

クラウド型

やよいの青色申告　オンライン（個人）

費用 セルフプラン　8,800円（年）

機能 セルフプランの場合

記帳	○	請求書の作成	△※
自動仕訳	○	スマホアプリ	○
レシート撮影	△※	分析レポート	○
確定申告書の作成	○	消費税申告	○
電子申告	○	サポート	△

○：対応、△：プランによる制限有り
※　別アプリでの提供

やよいの青色申告のクラウド版。基本的な機能やサービスはインストール版と同じ。ただ、銀行明細データ等のスムーズなオンライン読込ができたり、インストール作業やアップデート作業が不要だったりと、使い勝手はクラウド版のほうがいい

2022年12月現在。
費用や機能は変更される場合があります。
必ずご自身で確認のうえでご検討ください。

freee会計

費用 スタータープラン　11,760円（年）

機能 スタータープランの場合

記帳	○	請求書の作成	○
自動仕訳	○	スマホアプリ	○
レシート撮影	○	分析レポート	△
確定申告書の作成	○	消費税申告	△
電子申告	○	サポート	○

○：対応、△：プランによる制限有り

一貫して経理の初心者にやさしくといったことをモットーに開発が続けられており、仕訳を理解していなくても経理処理をスムーズに行うことができる

マネーフォワードクラウド会計

費用 パーソナルプラン　11,760円（年）

機能 パーソナルプランの場合

記帳	○	請求書の作成	○
自動仕訳	○	スマホアプリ	○
レシート撮影	○	分析レポート	○
確定申告書の作成	○	消費税申告	○
電子申告	○	サポート	○

○：対応

従来の会計ソフトの優れた部分を踏襲しつつ、ユーザーにとっての使いやすさを追求し続けており、インストール型の会計ソフトからの乗り換えもスムーズ

NEXT ▼ 割戻し計算と積上げ計算に注意

Answer 顧客からインボイスを求められることは少ないでしょう。

割戻し計算と積上げ計算に注意

あとは何か注意点がありますか？

たくさんあるけど、割戻し計算と積上げ計算について、ぜひ知っておこう

消費税の納税額は、売上の消費税額から仕入れの消費税額を差し引いて計算します。その際、それぞれの消費税額を計算するにあたり、「割戻《わりもど》し計算《けいさん》」と「積《つみ》上《あ》げ計算《けいさん》」があります。

割戻し計算は、その期（個人なら1～12月）の税込売上（仕入）高をもとに一度に消費税額を計算します（割戻し）。一方、積上げ計算は、ひとつひとつのインボイスの税額をたして計算します。

なんだかよくわからないけど、どう違うの？

1件ごとのインボイスの端数処理は、インボイス単位で切り上げ・切り捨て・四捨五入が認められ、通常は切り捨てで処理されます。すると税込売上（仕入）の合計金額が同じでも、積上げ計算の消費税額は、割戻し計算の消費税額より少なくなります（右ページ参照）。

国としては税金を多く徴収したいので、売上消費税については割戻し計算が、仕入消費税については積上げ計算が原則です。ただ、売上の単位が細かいスーパーなどは、実際に受け取った消費税額と割戻し計算での消費税額に大幅な差が出て、大損するおそれがあります。そのため、売上消費税で積上げ計算の採用も可能です。

なお、売上消費税を積上げ計算で算出した場合は、仕入消費税でも積上げ計算を採用しなければなりません。

割戻し計算と積上げ計算

本体価格88円（消費税切り捨て：税込96円）の商品を1000回売り上げた場合

請求書

株式会社ワンダフル商事

株式会社ニャン
登録番号 T123456…

本体価格	88円
消費税率	10%
消費税額（切り捨て）	8円
税込金額	96円

積上げ計算はその都度の端数処理（切り捨て）の影響で消費税額が少なくなるよ

割戻し計算の場合

課税期間の税込金額の合計×10/110=消費税額

税込金額の合計
96円×1,000＝96,000円

消費税額
96,000円×10/110≒8,727円

積上げ計算の場合

1枚ずつ消費税額をたす

税込金額の合計
96円×1,000＝96,000円

消費税額
8円×1,000＝8,000円

税込金額は同じなのに、
消費税額は積上げ計算の方が安い！

●売上消費税と仕入消費税のルール

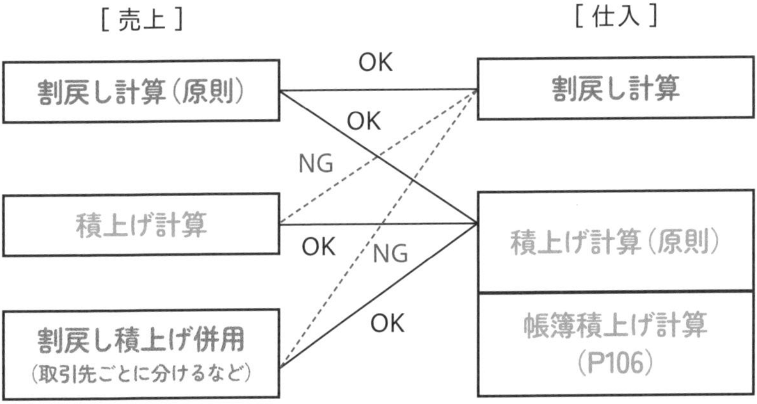

NEXT▼積上げ計算より、帳簿作成がラクになる帳簿積上げ計算

Question 飲食店には影響がありますか？（→P107）

積上げ計算より、帳簿作成がラクになる帳簿積上げ計算

とりあえず、会計ソフトで割戻し計算にすればいいんだね

帳簿積上げ計算というのもあるんだけど

前述の通り、売上消費税については割戻し計算が、仕入消費税については積上げ計算が原則です。ただし、小口売上が多い小売業者は、売上消費税を割戻し計算で算出すると、大きく損をしてしまうおそれがあるため、特例として認められている積上げ計算（インボイスごとの消費税額をたす）を行います。

売上消費税について積上げ計算を選択すると、仕入消費税についても積上げ計算を選択しなければなりません。つまり、請求書ごとに会計ソフトに本体価格と消費税額を入力することになります（「請求書《せいきゅうしょ》等《とう》積《つみ》上《あ》げ計算《けいさん》」）。金額の入力回数が２倍になってしまうのです。実務で考えると、これは非常に面倒です。

この救済措置として、帳簿への仕訳ごとに消費税額を計算し、集計して、仕入消費税を計算できます（「帳簿《ちょうぼ》積《つみ》上《あ》げ計算《けいさん》」）。

（わからない…）とりあえず続けてください

帳簿積上げ計算は、会計ソフトに税込の仕入金額を入力すれば、自動で積上げ計算した消費税額を算定し、集計してくれます。そのため、請求書等積上げ計算と比較して、入力項目が減り、仕入消費税の計算が非常にラクに行えます。

帳簿積上げ計算とは

請求書等積上げ計算（P104）

請求書

ワンダフル商事

株式会社高橋商店
登録番号 T123456…

本体価格	○○○○
消費税率	10%
消費税額	○○○
税込金額	○○○○

インボイスごとの
消費税額をたす

帳簿積上げ計算

仕訳帳

令和5年		摘要		借方	貸方
2	1	(仕入)		○○○円	
		(仮払消費税)		○○円	
			(現金)		○○円

帳簿上で仕訳ごとに

$$税込金額 \times \frac{10}{110}$$

=仮払消費税額等

を算出して積み上げる

会計ソフトには
本体価格と消
費税額の両方
を入力する

会計ソフトには
税込金額だけ
を入力する

帳簿積上げ計算は、帳簿記入がとてもラク
だから、オススメだよ

NEXT ▼［PART5］まとめ

Answer 会食や接待で使用される飲食店は影響があります。

［PART5］まとめ

- 済 インボイス発行事業者登録をすると、新たな事務作業が発生する。会計ソフトの導入も検討しよう

- 済 会計ソフトには、インストール型、クラウド型がある。預金データなどのオンライン取り込みができるクラウド型がおすすめ

- 済 シェアが大きな会計ソフトには、やよい会計、freee会計、マネーフォワードクラウド会計などがある

- 済 売上消費税の端数処理には、割戻し計算と積上げ計算がある。小口の売上が非常に多い小売業者をのぞけば、割戻し計算が原則

- 済 売上消費税の計算に積上げ計算を使用すると、仕入消費税も積上げ計算を使用しなくてはならない。このパターンでは、本体価格と消費税額の入力の手間が増えてしまうので、帳簿積上げ計算を利用する

PART 6

インボイスQ＆A

インボイスに関連する項目を
まとめています。
ご自身に必要なところだけ読めばOK

Q 消費税がかからない取引があるって本当ですか？

どんな取引なら消費税がかからないの？

課税対象外、非課税、免税があるよ

インボイス制度は消費税に関する制度ですが、取引すべてに消費税がかかるわけではありません。

まずは、消費税の「対象外取引」(「不課税取引」ともいいます)。これは消費税の４要件（①国内で、②事業者が事業として、③対価を得て行う、④資産の譲渡・貸付や役務の提供）を満たさないもの。たとえば給与や寄付金などで、給与は労働の対価であり、事業として行う取引の対価ではありません。また寄付金は対価の支払いがないため、消費税は対象外となります。

次に、政策的配慮などから消費税がかからない「非課税取引」。土地の売買や貸付、住宅の貸付（家賃）や、医療機関での保険診療、利子、保険料などが該当します。最後は、「免税取引」で、これは輸出や国際線の航空機の運賃などが該当します。

意識してなかったけど、こまごまと決まっているんですね

なお、非課税売上を得るために支払った消費税は、仕入税額控除ができません※。たとえば、保険診療が100％である病院は、収入のすべてが非課税売上なので、経費にふくまれる消費税については、仕入税額控除ができないのです。ただし、課税売上と非課税売上の両方がある事業者は、一部の仕入税額控除が認められます。

※課税売上高が5億円以下、かつ、課税売上割合が95％以上の場合は、仕入税額控除ができます。

消費税がかからない取引

取引全体

- 課税の対象
- 対象外取引（不課税取引）
  - 4要件を満たさない取引
    - ・給与
    - ・配当
    - ・保険金　など

課税の対象

- 非課税取引以外
- 非課税取引
  - 政策的な配慮などで非課税とされる取引
    - ・保険診療
    - ・介護サービス
    - ・土地の譲渡・貸付
    - ・保険料　など

非課税取引以外

- 課税取引
- 免税取引
  - 輸出取引　など

YouTubeでの収益は海外企業との取引だから対象外取引。メルカリでの収益は、それを事業としてやっていないと認められれば対象外取引なんだって

消費税の確定申告をするときには、税率の他に、この区分でも集計する必要があるよ。
会計ソフトの使用や簡易課税がおすすめなのはこの集計の手間を減らせるからなんだ

Q インボイスがいらない取引はありますか？

電車の運賃とか、バス代とかにふくまれているこまかな消費税はどうするの？

それはインボイスがいらないんだ

課税事業者が仕入税額控除を受けるためには、インボイスを保存しておかなければなりません。しかし、例外的に以下についてはインボイスなしでも、帳簿の保存だけで仕入税額控除が認められます※。

①税込３万円未満の公共交通機関（鉄道、バス、船舶）による旅客輸送。
②税込３万円未満の自動販売機及び自動サービス機により行われる販売。
③郵便切手のみを対価とする郵便・貨物サービス（郵便ポストに差し出されたものに限る）。
④簡易インボイスの記載事項を満たす入場券で、使用時に回収されるもの（映画館や水族館の入場券など）。
⑤会社が従業員に支払う出張旅費、宿泊費、日当、通勤手当など。

たしかに、郵便ポストや自販機ではレシート出ないもんねぇ

注意点としては、飛行機代は①には含まれないため、インボイスが必要となります。また、②について、セルフレジは、「単に機械で精算が行われるだけ」というあつかいで対象外となります。さらに、コインパーキングや自動券売機のように、商品・サービスの提供が別途行われる場合も対象外となります。

※2022年12月16日に公表された税制改正大綱で、2029年9月30日までの経過措置が決定しました。基準期間の課税売上1億円以下（または特定期間の課税売上5,000万円以下）の事業者に限り、税込取引額1万円未満の課税仕入れは、インボイス不要（一定の事項を記載した帳簿の保存のみ）で仕入税額控除を受けられます。

インボイスが不要な取引

❶ 1回の購入金額が税込3万円未満の公共交通料金

- 電車や新幹線の運賃
- バスの運賃
- フェリーの運賃

駅の入場券や、航空機の料金は対象外

❷ 1回の購入金額が税込3万円未満の自動販売機、自動販売サービス

- 飲料の自動販売機
- 証明写真の撮影機
- コインランドリー

その機械でサービスが完結できないとダメ
・スーパーのセルフレジ
・コインパーキングの精算機、自動券売機は対象外です

❸ 郵便ポストに投函できるサービス

- 手紙、レターパック

窓口に差し出す場合はインボイスが必要

❹ 簡易インボイスの条件を満たし使用時に回収される入場券

- 映画館の入場券
- 水族館の入場券

簡易インボイスについてはP29参照

❺ 会社が従業員に支払う出張旅費、宿泊費、日当、通勤手当

この他にもP82で紹介した農協を通した取引や中古車販売業もインボイス不要だよ

Answer インボイスの発行が不要な場合があります（P82参照）。

Q インボイスがいらない取引の注意点は？

インボイスがいらない取引は、何か記録が必要ですか？

インボイス不要取引のどれに該当するかを書く必要があるよ

税込3万円未満の公共交通機関による旅客輸送について、3万円未満かどうかは、1回の取引の税込金額で判定されます。

たとえば、片道2万円の切符を買う場合インボイスは不要ですが、往復で購入したり、2人分購入したりすると、3万円以上となり、インボイスの保存が必要となります。

また、インボイス制度開始までは、税込3万円未満の取引全般で、レシートや領収書がなくても仕入税額控除ができました。制度開始後はP112で挙げたもの以外は、すべてインボイスが必要となります（2029年9月30日までの経過措置で、基準期間の課税売上が1億円以下の事業者などが行う、1万円未満の取引はインボイス不要）。

例外の範囲が交通費とかに限定されて、厳しくなったのか

インボイス不要の取引で仕入税額控除を行うには、通常必要な記載事項（P54参照）に加えて、以下の事項を記載する必要があります。

・インボイス不要の取引のうちどれに該当するか（「3万円未満の鉄道料金」「出張旅費」など）
・支払先の住所または所在地

ただし、交通機関や郵便サービス提供者、出張旅費を支給された従業員などについては、その住所などを記載する必要はありません。

インボイス不要の取引の注意点

● “３万円未満”は１回の取引額で判定する

片道２万円の新幹線チケットの場合

乗車券＋特急券
20,000円

乗車券＋特急券
20,000円

片道ずつ買う
→1回3万円未満で
インボイス不要

往復で買う
→1回3万円以上で
インボイス必要

●インボイス不要の取引で仕入税額控除を受けるには

以下の項目を帳簿に書く

①相手方の氏名
②取引年月日
③取引内容
④金額
⑤インボイス不要の取引のどれにあたるか

通常の記載項目（①～④）に加えて、
どの不要取引にあたるか記入する
例：「３万円未満のバス運賃」

●軽減措置（2029年9月30日まで）

・基準期間の課税売上が年1億円以下、または特定期間の課税売上が5,000万円以下の事業者
・取引額が税込1万円未満の課税仕入れの場合

→インボイスなしでも帳簿保存で仕入税額控除が可能に

NEXT▼クレジットカード決済や口座引き落としのインボイスは？

Question 学習塾に影響はありますか？（→P117）

Q クレジットカード決済や口座引き落としのインボイスは？

クレジットカードで払った場合は、
カード会社の明細があればいい？

お客様控えやレシートと合わせて保管するよ

クレジットカードでの支払いについては、カード会社から明細書が送られてきます。この明細書はカード会社が作成したものであり、商品を販売した店舗などが発行したものではないので、インボイスとしては使用できません。

カード利用時に渡される「お客様控え」がインボイスの要件（P29参照）を満たしていれば、仕入税額控除が認められます。品名やサービス名が省略されている場合は、レシートも一緒に保管しておきましょう。

なお、ネット通販などを使用する場合は、販売元がインボイス発行事業者かどうかという点にも注意しましょう。

そもそもインボイスが発行できない免税事業者の可能性もあるのか

事務所の家賃など、口座振替で引き落とされる場合、領収書が発行されない場合もあります。

この場合は契約書と預金通帳を合わせてインボイス要件を満たせばOKです。インボイス制度開始時に契約書をわざわざ結び直さなくても、不足事項を記載した書面を別途作成し、契約書と一緒に保管するといった方法でも問題ありません。

クレジット決済や口座引き落としのインボイス

●お客様控えとレシートの保管が必要

請求明細書

当事者名

ご利用代金明細書

お名前	高橋太郎
お支払日	2023年10月20日
お支払合計	20,000円

株式会社エクセレントカード
東京都中央区日本橋○○○○

カード種類	法人
名称	エクセレントカード
番号	1234-5678-9012-3456

金融機関	ナガイ銀行
支店	日本橋支店
科目	普通

年月日	ご利用店名	ご利用金額	支払区分	今回回数	お支払金額	備考
/1	○○○○	1000	1	1	1000	
/8	○○○○	1000	1	1	1000	
/10	○○○○	3000	1	1	3000	
/20	○○○○	5000	1	1	5000	
/30	○○○○	10000	1	1	10000	
				お支払金額合計	20000	

・カード会社が発行
・取引相手の登録番号がない
→インボイスとして使えない

＋

お客様控え

CARDNET
［クレジットカード売上票］
加盟店名　○○スーパー
03-○○○○-○○○○

ご利用日	2023/12/20 21:17:35
カード番号	IC
VISA	XXXXXXXXXXXXXXXX

伝票番号	有効期限	取引内容
02368	XX年XX月	売上
支払区分	取扱区分	商品区分
一括	110	0890

端末番号	○○○○○○○○
カード会社	ナガイカード
承認番号	○○○○○○○○
処理通番	○○○○○○○○
金額	¥415
合計金額	¥415

ご案内　ご利用ありがとうございました。
またのご来店をお待ちしております。
○○○○○○○○○○
係員

省略が多いのでこれだけでは要素が不足

or

レシート

○○スーパー　取引相手
登録番号T○○○○○○○○○　登録番号
○○○○店
TEL03-○○○○-○○○○
取引年月日　2023年12月20日（火）21：17 #000002

0226 4層不織布マスク　¥378　内容・全般

小計　¥378
（外税10％対象額　¥378）　消費税率
消費税10％　10％　¥37　消費税額
買上点数　1点

合計　¥415
クレジット　¥415
（内消費税等　¥37）
軽減税率：※

レシートも保管して不足要素を補う

●口座引き落としの場合は契約書と通帳で要件を満たす

契約書

・当事者名と登録番号
・役務提供の内容
・対価の額
・消費税率
・消費税額

＋

通帳

Answer 生徒が事業者ということはほとんどないためインボイスは求められないでしょう。

Q 発行済みのインボイスが間違っていたら？

インボイスに間違いがあったら、
二重線で直していい？

インボイスは修正できないんだ

これまでのルールでは、請求書に記載漏れや誤りがあった場合、受け取る側が追記・修正して保存することができました。しかし、インボイス制度が始まると、受け取る側はそのような修正ができなくなります。

修正が必要になった場合、

①インボイスを再発行してもらう

②修正箇所を明示した書類の発行をしてもらう

このいずれかを行ってもらう必要があります。

②の場合、誤りのあるインボイスとの関連性を明確にしたうえで、修正箇所の正誤を示します。

めんどくさそう。これは出し直した方がラクかな

または、買い手側が、インボイス記載事項の誤りを正した「仕入明細書」を作成し、売り手側の了承を得るという方法も可能です。確認の方法は、オンラインでの了承のほか、メールで確認した旨の返信、または仕入明細書に「送付後一定期間内に連絡がない場合、確認したものとする」などの文言を入れても問題ありません。

このようにすれば、売り手は改めて修正したインボイスを発行する必要はありません。

インボイスを修正するとき

①修正したインボイスを出し直してもらう
（再発行であることを明示する）

②修正箇所のみ修正した“修正項目の通知書”を出してもらう

修正項目の通知書の例

修正事項の通知

株式会社ナガイ御中

2023年12月○日
株式会社高橋書店

2023年11月20日付　11月分請求書について誤りがありましたので、下記の通り修正いたします。 ― 元のインボイスとの関連性を明記

正

合計	売上金額	消費税額等
10%対象	150,000円	15,000円

― 修正箇所

誤

合計	売上金額	消費税額等
10%対象	140,000円	14,000円

①②ができないときは、買い手側が「仕入明細書」を作り売り手側に確認してもらうという手も

仕入明細書

仕入明細書
<11月分>

② 株式会社高橋書店御中
登録番号T123456…

2023年12月○日
株式会社ナガイ ①

送付後、一定期間内に連絡がない場合、確認済みとします

支払金額合計　165,000円（税込）

③ 取引年月日	④ 品名	金額（税抜）
11/2	○○料	100,000円
11/15	××料	50,000円
	仕入金額合計（税抜）	150,000円
⑤ 10%対象	150,000円	（消費税15,000円）⑥
8%対象	0円	（消費税　　0円）

※印は軽減税率対象商品

①作成者の氏名または名称
②売り手の氏名または名称、登録番号
③取引年月日
④課税仕入の内容
⑤税率ごとの仕入れにかかる支払対価額および適用税率
⑥消費税額

NEXT▼請求書だけでインボイスの要件を満たさないときは？

Q 請求書だけでインボイスの要件を満たさないときは？

インボイスの要件を満たせるのなら、
書類は2つに分かれていてもいいんだ

どういうときですか？

インボイスに求められる記載事項は、必ずしも請求書１枚にすべてふくめる必要はありません。請求書と納品書など、複数の書類にまたがって記載してもOKです。

たとえば、取引内容として記載する商品が多く、１枚の請求書に書ききれない場合などには、

- 納品書：取引内容や軽減税率の対象かどうかを書く
- 請求書：登録番号や取引年月日、税率ごとの税抜額または税込額の合計金額、税率ごとの消費税額を書く

といったように分けてもよいことになります。

これまでのやり方をなるべく変えない方法にしたいね

これは、同じ取引先と継続的に取引を行う場合にも有効です。P116で紹介した口座引き落としの事務所の家賃の扱いも、この考え方に準じています。契約書と預金通帳を合わせて、インボイスに求められる記載事項をカバーすれば問題ないというわけです。

注意点としては、複数の書類に分かれる場合、納品書番号を請求書に明記するなど、書類の中で取引の関係性をはっきりさせておく必要があります。

2つ以上の書類でインボイスの要件を満たす

請求書

請求書
<11月分>

株式会社エグゼクティブ御中

株式会社高橋商事
登録番号T987654…

11月分　請求金額合計　218,400円（税込）

納品書番号	金額（税込）
001	14,140円
002	8,420円
003	8,450円
004	19,325円
⋮	⋮
合計	218,400円（消費税18,400円）
10%対象	132,000円（消費税12,000円）
8%対象	86,400円（消費税6,400円）

関連性を明記

＋

納品書

納品書No.003　納品書

納品書No.002　納品書

納品書No.001　納品書

株式会社エグゼクティブ御中

2023年11月○日
株式会社高橋商事
登録番号T987654…

下記の通り、商品を納品いたします

品名	金額（税込）
フルーツ盛り合わせ※	5,400円
炭酸水※	3,240円
ビール	5,500円
合計	14,140円

※印は軽減税率対象商品

関連性が示されていれば、2枚以上に分かれていてもOK。要はインボイスの要件（P29①～⑥）を満たせばいいんだよ

P116のクレジットカードや口座引き落としの話も、これと同じことなんだね

NEXT▼値引き取引のインボイスはどうなるの？

［PART6］インボイスQ＆A

Q 値引き取引のインボイスはどうなるの？

値引き販売するときは、返還インボイス（適格返還請求書）の発行が必要だよ

なんか新しいのが出てきましたね

一度売り上げた商品に対して、返品を受けたり、値引きしたりする場合には、「**適格返還請求書**《てきかくへんかんせいきゅうしょ》」（以下「返還インボイス」）を売り手が買い手に交付しなければなりません。

返還インボイスの記載事項は、ほぼインボイスと同じです。また返還インボイスは一定期間分をまとめて記載することもできます。

ちょっと待って。どんなケースで必要なのか見えないんだけど

たとえば「5000円以上まとめ買いすれば、5%オフ」のような値引きをイメージするとよいでしょう。また、取引によっては、売上高や取引高が一定額を超えると、報奨金やリベートという形で、値引きが行われることもあります。そのような場合にも返還インボイスが必要となり、一度、売上が確定した後に、値引き額が計算されます。

毎回、インボイスと返還インボイスをそれぞれ発行するのは面倒なので、1枚にまとめてもOKです。その場合、「今月分の売上から、先月分のリベートを差し引いた金額を請求する」といったことも可能です。

なお、2022年12月に公表された令和5年度税制改正大綱によると、1万円未満の返還インボイスの交付は不要になるようです。請求書発行後の端数値引きなどは返還インボイスなしで処理できます。

値下げ時は返還インボイスを発行する

適格返還請求書（返還インボイス）の記入例

販売報奨金支払い明細書
<11月分>

2023年12月○日 ❷

株式会社マーベラス御中

株式会社高橋商事
登録番号T987654… ❶

11月分　販売報奨金額　164,000円（税込）

	日付	品名	報奨金金額	
❸	11/30	商品A※	50,000円	❹
	11/30	商品B	100,000円	
	合計	164,000円（消費税14,000円）		
❻	10%対象	110,000円（消費税10,000円）		❺
	8%対象	54,000円（消費税4,000円）		

※は軽減税率対象商品

❶氏名と登録番号
❷返還などを行う年月日
❸もとになった取引年月日
❹返還の内容
❺税率ごとの返還金額
❻適用税率

インボイスと返還インボイスを１枚にまとめた場合

請求書
<11月分>

2024年1月○日

株式会社ファビュラス御中

株式会社高橋商事
登録番号T987654…

12月分　請求金額　349,600円（税込）

日付	品名	金額（税込）
12/15	商品A※	129,600円
12/19	商品B	275,000円
合計	404,600円（消費税34,600円）	
10%対象	275,000円（消費税25,000円）	
8%対象	129,600円（消費税9,600円）	

販売報奨金11月分		
11/30	商品B	55,000円
合計	55,000円（消費税5,000円）	
10%対象	55,000円（消費税5,000円）	
8%対象	0円（消費税　0円）	

請求金額	349,600円（消費税29,600円）

※は軽減税率対象商品

NEXT▼売り手が振込手数料を負担するときはどうする？

Q 売り手が振込手数料を負担するときはどうする？

意外と面倒なのが、振込手数料の負担の話

あ、手数料が引かれて振り込まれることある

売上代金の入金時に、振込手数料が差し引かれて入金されることがあります。この場合、買い手が振込手数料の負担をまぬがれているため、売り手が振込手数料分の値引きをした、または買い手が売り手の払うべき振込手数料を立て替えたとあつかいます。

原則にしたがえば、この手数料を処理するには以下の2つの手段を取る必要があります。

①売り手が返還インボイスを発行し、買い手に交付する
②買い手が立替金精算書と受け取った金融機関のインボイスを売り手に渡す（買い手が立て替えたと考える。P130参照）

えっと、数百円のために売り手が書類を追加でつくるの？

振込手数料は数百円です。このために、売り手の事務処理の手間が増えたり、システム改修のコストがかかったりすることに対しては、数多くの批判が集まっていました。

この批判を受けて、2022年12月に公表された令和5年度税制改正大綱では、税込1万円未満の返還インボイスの交付は不要とされています。

つまり、売り手が振込手数料を負担する場合は、帳簿にその記載をしておくだけで、仕入税額控除の対象になります。

売り手が振込手数料を負担するとき

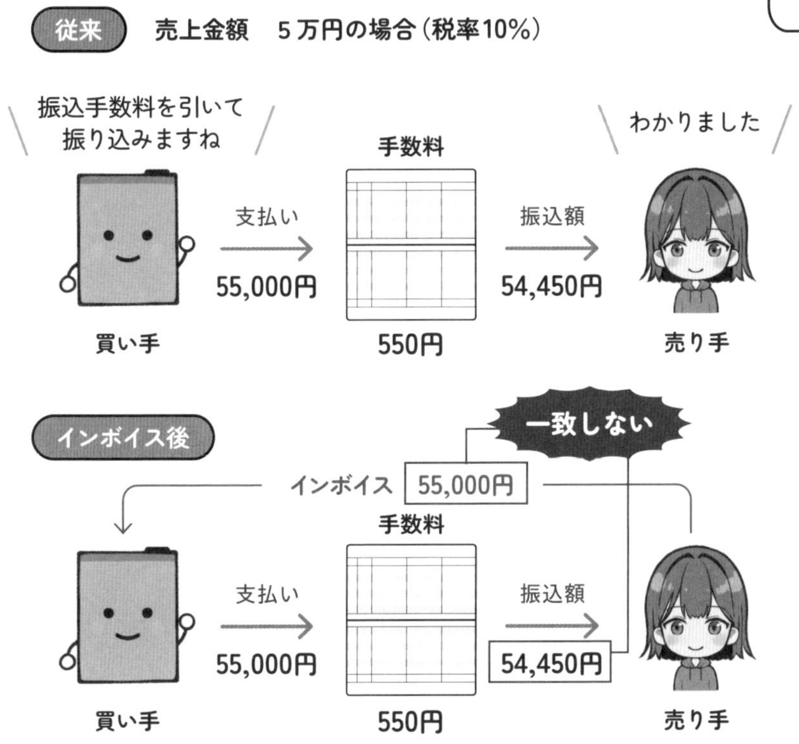

この手数料を売り手が仕入税額控除するには①②のいずれかが必要

①売り手が550円分の返還インボイスを発行する

②買い手が金融機関から受け取った550円分のインボイスと立替金精算書を発行する

→批判が多かったことから税込1万円未満の返還インボイスの交付は不要に

2022年12月の税制改正大綱によれば、
これまでどおり帳簿の記入で処理できるよ

NEXT▼締め日と期末がずれる場合のあつかいは？

Q 締め日と期末がずれる場合のあつかいは？

取引先のインボイスの締め日が月末じゃなかったら、注意が必要だよ

20日締めの取引先があるな

フリーランスなど個人事業主の場合、1月1日～12月31日を事業年度（期）として確定申告を行います。消費税の課税期間も同様です。ただし、会社によっては20日締めなど、月末以外の締め日の企業もあります。

こうした企業から20日締めのインボイスをもらった場合は注意が必要です。というのも、年間の消費税額を計算するときに、課税期間の最初と最後のインボイスは、課税期間以外の取引がふくまれるためです。

たしかに。その期間の消費税の計算ってどうするの？

そのような場合、1月1日～20日と12月21日～31日それぞれについて、仕入れと売上にかかる消費税額を計算します。

仕入控除税額の計算は、この部分の請求書の消費税額をたしていく請求書等積上げ計算のほか、帳簿積上げ計算でもOKです。ただし、P104で説明したとおり、割戻し計算との併用はできなくなります。

これは、自社が発行するインボイス（売上についてのインボイス）が月末以外の締め日である場合も同様です。ただ、売上の消費税額を計算するときは、仕入消費税の計算と違い、割戻し計算と積上げ計算を併用できます。

月末以外の締めのインボイスの対応

個人事業主の事業年度（1月1日～12月31日：12月決算の場合）

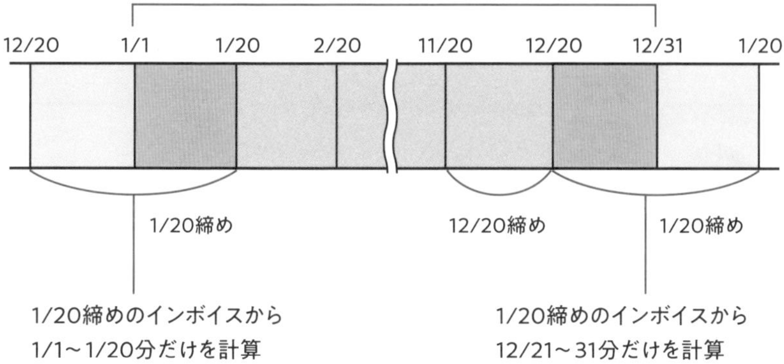

20日締めのインボイスがあるときは、確定申告時に半端な期間（1/1～20、12/21～31）の消費税額を計算するよ

半端な期間の消費税を計算するときの注意

・仕入消費税は、積上げ計算、割戻し計算の併用ができない

2/20締め～12/20締め ＋ 1/1～20 ＋ 12/21～31

割戻し計算（2/20締め～12/20締め）
割戻し計算（1/1～20、12/21～31）

・売上消費税は積上げ計算、割戻し計算の併用ができる

2/20締め～12/20締め ＋ 1/1～20 ＋ 12/21～31

割戻し計算（2/20締め～12/20締め）
積上げ計算でも割戻し計算でもOK（1/1～20、12/21～31）

NEXT▼委託販売・受託販売の場合のインボイスってだれが発行するの?

Question 副業で雑所得を得ているのですが、インボイスは関係ありますか？（→P129）

Q 委託販売・受託販売の場合のインボイスってだれが発行するの？

委託販売のときには、代わりにインボイスを発行してもらうこともできるよ

同人誌とかマンガには委託販売が多いんだよな

自分の商品を他の事業者に代わりに売ってもらうことを「委託販《いたくはん》売《ばい》」といいます。このとき販売を依頼する側を委託者、販売代行する側を受託者とよびます。

委託販売の場合、購入者に発行するインボイスはどうするのでしょうか。

ひとつの方法に「代理交付《だいりこうふ》」があります。これは販売を代行する受託者が、販売を依頼した委託者の氏名、登録番号を掲載したインボイスを代わりに発行する方法です。このとき、販売代行する受託者は、インボイス登録企業でなくてもよいとされています。

あれ？　これだと、もしインボイスを求められたときに私の本名がバレる？

もうひとつの方法は「媒介者交付特例《ばいかいしゃこうふとくれい》」です。この場合、販売を代行する受託者が、自身（受託者）の氏名・登録番号を掲載したインボイスを購入者に発行します。

このケースでは、委託者・受託者ともにインボイス登録事業者であることが条件です。委託者は受託者に自身の登録番号を伝えておくとともに、受託者が交付したインボイスの写しを控えとしてもらう必要があります。

委託販売のときのインボイス

●代理交付

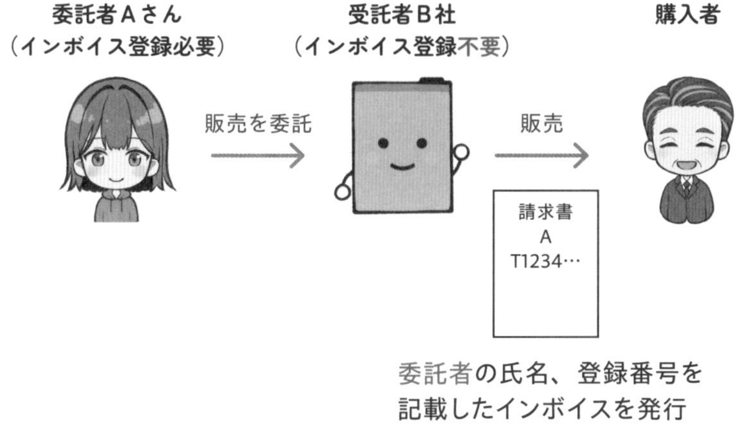

●媒介者交付特例

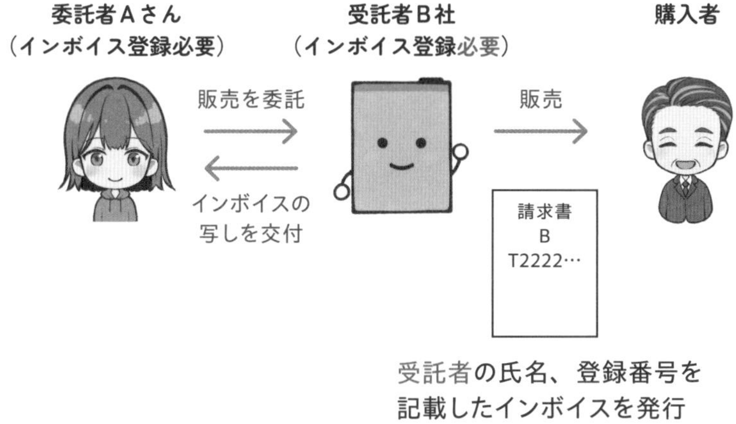

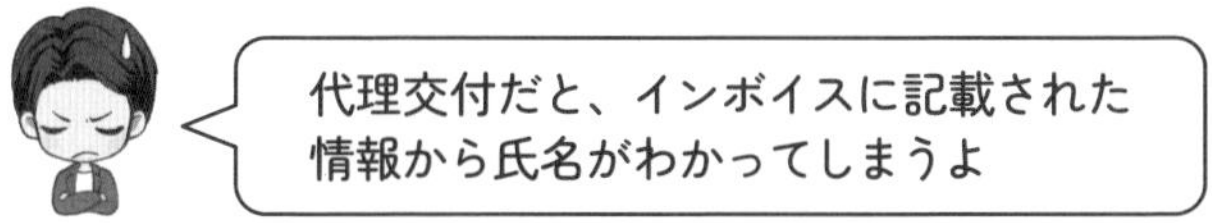

NEXT▼立て替え払いしてもらったときのインボイスは？

Q 立て替え払いしてもらったときのインボイスは？

立て替えてもらった場合にも、
処理に注意が必要だよ

たまにあるかも

仕事を行う中で、費用を一時的に取引先に立て替えてもらうことがあります。このとき発行されたインボイスには、宛名として立て替えた事業者の氏名が載ります。よって、そのインボイスを受け取っても、立て替えてもらった事業者は仕入税額控除が受けられません。

仕入税額控除を受けるには、支払先から交付されたインボイスに加えて、立て替え払いをした事業者が発行した「**立替金精算書**《たてかえきんせいさんしょ》」の保存が必要です。

立て替えてもらったっていう証明があればいいんだね

また、複数の事業者分の経費をまとめて立て替えてくれているケースでは、あなた以外にもインボイスの保存が必要な事業者がいます。この場合保存するのは立て替え払いをした事業者が受け取ったインボイスのコピーでも問題ありません。

「立て替え先が膨大で、コピーの配布すらも難しい」と言われた場合には、立替金精算書の保存だけでも問題ありません。

このとき、立替金精算書にインボイスに必須の記載事項（仕入先の名前、インボイス登録番号、適用税率の区分、支払った金額、消費税額など）が記載されていること、立て替え払いをした事業者がインボイスの原本を保存しておくことが条件となります。

立て替え払い時のインボイス

●立替金精算書を発行する

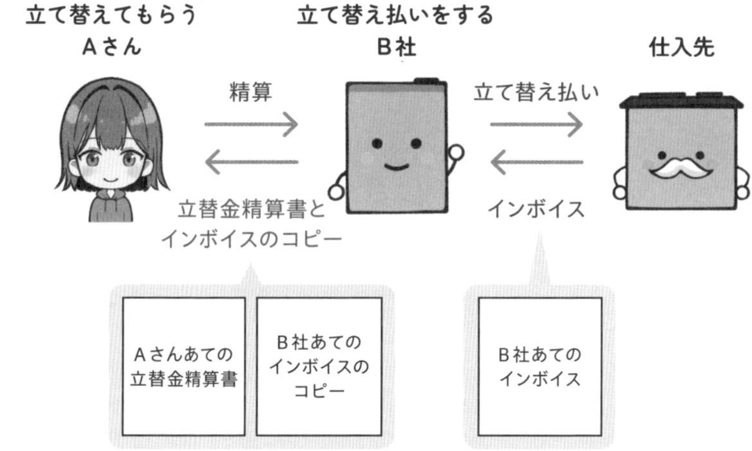

これがあればAさんは仕入税額控除できる

●「立て替え先が多すぎてインボイスの写しが交付できない」と言われたら

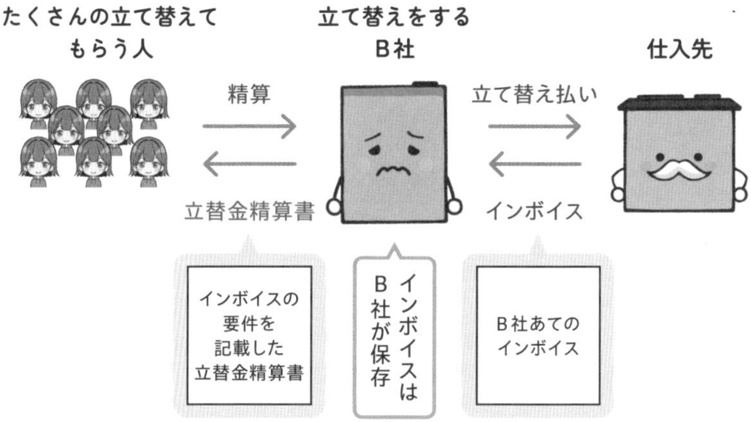

立替金精算書とインボイスのコピーがあれば
仕入税額控除できるんだ

NEXT ▼ 100万円以上の買い物をする場合の注意点は?

Question 保険の外交員には影響はありますか?(→P133)

Q 100万円以上の買い物をする場合の注意点は？

高額の買い物をすると、簡易課税が選べないこともあるよ

そんな買い物するかなぁ

仕入消費税が売上消費税を上回る場合、簡易課税でなく、本則課税を選択していれば消費税の還付を受けられます。

ただし、消費税課税事業者選択届を提出し、課税事業者として消費税の申告が強制される２年の間に、本則課税で消費税申告を行っている事業者が「調整対象固定資産」を購入した場合、本則課税を３年間続ける（簡易課税を選択できず、免税事業者に戻ることもできない）という縛りがあります。

調整対象固定資産とは、税抜金額が100万円以上の固定資産です。

100万円以上の固定資産を購入したら、簡易課税を選べなくなる場合もあるってことか…

この縛りは、免税事業者制度などを使った消費税還付を制限するのが目的です。「課税売上が小さな段階で高額な資産を購入して消費税の還付金をもらい、その後免税事業者になる」という消費税還付のスキームが以前流行したため、この規制ができました。

なお、本則課税の課税事業者が「高額特定資産」を購入した場合に、「本則課税を３年間続ける」という規則もあります。高額特定資産とは、税抜金額で1,000万円以上の棚卸資産または調整対象固定資産です。不動産業など除けば高額特定資産を扱う事業者はあまりいないため、主に調整対象固定資産に気をつければよいでしょう。

調整対象固定資産と高額特定資産

●高額な買いもの(仕入れ)をしたときは本則課税が有利

仕入れで支払う消費税 ＞ 売上で受け取る消費税

本則課税なら差額が還付されるのでおトク

●ただし調整対象固定資産、高額特定資産購入時は3年縛りがある

調整対象固定資産 … 税抜金額100万円以上の固定資産。商用車など

高額特定資産 ……… 税抜金額1,000万円以上の固定資産と棚卸資産
販売用に仕入れた建物など

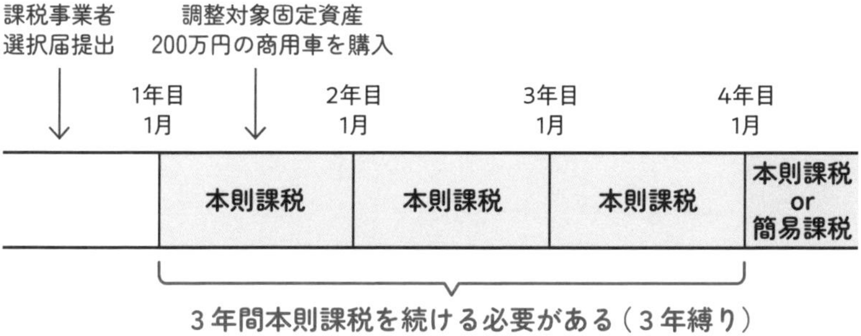

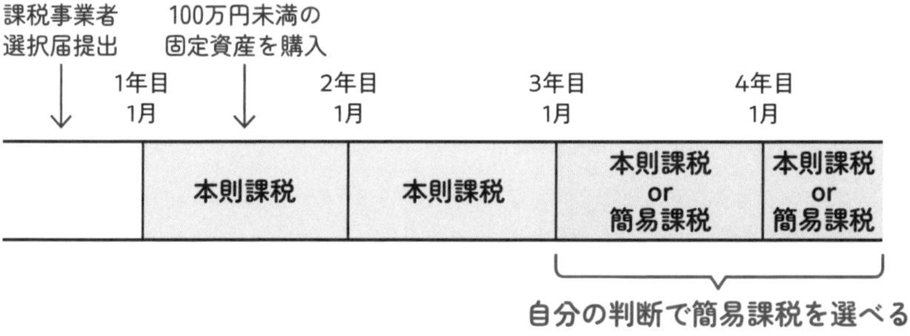

NEXT▼電子インボイスって何?

［PART6］インボイスQ＆A

Q 電子インボイスって何？

電子インボイスというのもあるよ

いろいろありますねぇ

「電子インボイス」とは、電子データ（法律上は「電磁的記録」）形式のインボイスをいいます。

具体的には、EDI取引（Electronic Data Interchange：企業間の電子取引）で提供されたものや、インターネット上のサイトでダウンロードするPDFや電子メールに添付されたPDFもふくみます。

電子インボイスも、紙のインボイスと同様に保存義務があります。2023年12月31日までは、紙にプリントアウトしたものを保存する方法も認められていますが、2024年1月1日以降の取引では一定の要件の下、電子データでの保存が求められます[※1]。

このとき、電子帳簿保存法で定められた方法で保存しなければなりません。

電子帳簿保存法については、右のページで説明します

なお、日本国内における電子インボイスの標準化を目的として、「Peppol BIS Billing JP」（日本版Peppol［ペポル］）という統一規格の導入が進んでいます。

この日本版Peppolが普及すれば「電子インボイスのデータをそのまま支払いデータにできる」などの効率化が期待されています。

※1　データでの保存ができないことについて「相当の理由」があり、税務調査等の際にデータのダウンロード・紙での提出要求に応じれば、保存要件を満たす必要はありません

電子インボイスとは

●電子インボイス…電子データでやりとりされる形式のインボイス

（例）

EDI取引企業間の電子取引でやりとりされるインボイス

インターネットのサイト上からダウンロードされるインボイス

メールにPDFとして添付されたインボイス

●電子帳簿保存法（2022年改正）

2024年（令和6年）1月1日～施行予定
電子取引データを紙に出力して保存する方法がNGになる※2

→ ただし、データでの保存ができないことについて「相当の理由」があり、税務調査等の際にデータのダウンロードと紙での提出ができれば、保存要件を満たさなくてもOK。

メールに添付されたPDFをそのまま保存するだけではダメなの？

データは改変できるからね。不正を防ぐためにも、ルールにのっとった保存が求められるようになるよ

※2　正確には、法人税と所得税でこの扱いがNG（消費税法上は紙に出力しての保存も認められる）

NEXT▼電子帳簿保存法に対応する① 検索性の確保とは？

Question 習い事教室は影響がありますか？（→P137）

Q 電子帳簿保存法に対応する①
検索性の確保とは？

電子取引データの保存方法は、電子帳簿保存法で条件が決まっているんだ

改ざんされないように？

電子インボイスを含め、電子取引で受け取った書類は、データで保存する必要があります※1。しかし、データは書き換えられるという欠点があります。そこで、電子データ保存のルールが決められています。

①自社開発プログラムの場合、システムの概要を記載した書類を備えつける
②データを目で見て確認できるよう、ディスプレイやプリンタを設置する
③データの検索機能を備える
④データの真実性を確保する

③については売上高5,000万円以下の事業者は不要だよ

①は自社開発のプログラムでなければ対応は不要です。②はディスプレイやプリンタがあればOKです。

③のデータの検索機能を備えるためには、取引年月日、取引金額、取引先を条件にして検索できるようにします※2。

具体的には「一覧表を作成する」または「ファイル名に3項目を入れる」方法で管理します。一覧表は、取引の内容をリストにしたエクセルを作ればOK。ファイル名で管理するときは、インボイスの保存時に「20230219_高橋書店_240000.pdf」のようにファイル名をつけ、同じフォルダに入れておけば問題ありません。

※1　データでの保存ができないことについて「相当の理由」があり、税務調査等の際にデータのダウンロード・紙での提出要求に応じれば、保存要件を満たす必要はありません
※2　税務職員の求めに応じてデータをダウンロードできるのであれば、売上高5,000万円以下の事業者は不要です

電子取引データの保存のルール①

●改正電子帳簿保存法での電子取引データ保存要件

・自社開発のプログラムの場合、システムの概要を書いた書類を備えつけ

・データの内容が目で見て確認できるよう、ディスプレイやプリンタを設置

・データの検索性を確保する

・データの真実性を確保する（P138）

●検索性の確保の方法（売上高5,000万円以下の事業者は不要）

❶エクセルで一覧表をつくる

番号	日付	取引先	取引価格
1	20231012	スズキ商店	180,000
2	20231014	サトウ販売	53,000
3	20231015	タカナシ文具	70,000
4	20231018	タナカ商事	110,000

各データに連番を振り、一覧表のエクセルで日付、取引金額、取引先から検索できるようにする

❷ファイル名に必要な要素をつける

PDF 20231012_スズキ商店_180000.pdf

日付　取引先　取引価格

PDF 20231014_サトウ販売_53000.pdf

ファイル名に日付、取引金額、取引先を入れ込み、同一フォルダに保存

Q 電子帳簿保存法に対応する②　データの真実性の確保とは？

真実性の確保によって電子取引データが本物であることを証明する必要があるよ

なんだか難しそう…

データの真実性を確保するには、①タイムスタンプを押してもらう、②タイムスタンプを自分で押す、③訂正記録が残るまたは訂正削除ができないシステムを使う、④訂正削除の防止に関する事務処理規程を作り運用する、の４つの方法があります。

①、②の**タイムスタンプ**は、電子データに時間を記録する機能で、その時間にその文書が存在し、改ざんされていないことを保証できます。ただし、タイムスタンプであれば何でもよいというわけではなく、一般財団法人日本データ通信協会の認定を受けている事業者のタイムスタンプでなければなりません。

③は、電子帳簿保存法に対応したクラウドサービスなどを利用するだけでなく、データの送受信もそのサービス内で行わなければならず、ハードルは高いです。

会計ソフトを使っても対応は難しいということですか…？

④は、「**事《じ》務《む》処《しょ》理《り》規《き》程《てい》**」を作って運用すればよく、この方法がいちばんかんたんです。事務処理規程といっても難しいものではなく、フォーマットは国税庁のHPにあるので、それをダウンロードし、自社に合わせて文章を加工すれば、対応したことになります。

電子取引データの保存のルール②

●データの真実性の確保の方法

- タイムスタンプを取引先に押してもらう
- タイムスタンプを自分が押す
- 訂正記録が残る、もしくは訂正、削除ができないシステムを使う
- 「訂正・削除の防止に関する事務処理規程」を作り運用する

事務処理規程の作成と運用なら
小規模事業者でもかんたんに対応できるよ

●訂正・削除の防止に関する事務処理規程の作り方

個人事業主用のフォーマット

（個人事業者の例）

電子取引データの訂正及び削除の防止に関する事務処理規程

この規程は、電子計算機を使用して作成する国税関係帳簿書類の保存方法の特例に関する法律第7条に定められた電子取引の取引情報に係る電磁的記録の保存義務を適正に履行するために必要な事項を定め、これに基づき保存することとする。

（訂正削除の原則禁止）
保存する取引関係情報の内容について、訂正及び削除をすることは原則禁止とする。

（訂正削除を行う場合）
業務処理上やむを得ない理由（正当な理由がある場合に限る。）によって保存する取引関係情報を訂正又は削除する場合は、「取引情報訂正・削除申請書」に以下の内容を記載の上、事後に訂正・削除履歴の確認作業が行えるよう整然とした形で、当該取引関係情報の保存期間に合わせて保存することをもって当該取引情報の訂正及び削除を行う。

一　申請日
二　取引伝票番号
三　取引件名
四　取引先名
五　訂正・削除日付
六　訂正・削除内容
七　訂正・削除理由
八　処理担当者名

この規程は、令和〇年〇月〇日から施行する。

- 国税庁のHPからフォーマットをダウンロードする
- 日付を変更して、事務処理規程として保管、運用（内容が自分の状況と合わないときは加工する）

（国税庁HP）

INDEX

あ行

委託販売 ………… 128, 129
インストール型 ………… 99, 100, 101, 102
インボイス制度（適格請求書等保存方式）………… 16, 17, 26, 27, 28, 29
インボイス登録センター ………… 51, 53
インボイス発行事業者の登録番号 ………… 28, 29, 54, 66, 72, 128, 129, 130, 131
インボイス不要の取引 ………… 112, 113, 114, 115
写しの保存 ………… 48, 49, 54, 130
益税 ………… 17, 20, 21, 30

か行

会計ソフト ………… 54, 98, 99, 100, 101, 102, 103, 138
課税事業者 ………… 20, 21, 39, 46, 47, 70, 71
課税選択届出書（消費税課税事業者選択届出書）………… 48, 49, 64
課税取引 ………… 22, 110, 111
簡易インボイス ………… 29, 112, 113
簡易課税 ………… 22, 23, 39, 46, 47, 56, 57, 58, 59, 62, 81, 132, 133
間接税 ………… 18
基準期間 ………… 20, 21, 56, 78
クラウド型 ………… 99, 100, 101, 102, 103
クレジットカード決済 ………… 116, 117
経過措置 ………… 44, 45, 74, 75
軽減税率 ………… 17, 23, 28
検索性の確保 ………… 136, 137
建設業法 ………… 32, 70
高額特定資産 ………… 132, 133
口座引き落とし ………… 116, 117, 120

さ行

仕入控除税額 ………… 18
仕入税額控除 ………… 18, 30, 31, 44, 45, 46, 70, 71, 74, 78, 82, 83, 93, 112, 114, 116, 130, 131
仕入明細書 ………… 118, 119
事業区分 ………… 23, 59
下請法 ………… 32, 70
事務処理規程 ………… 138, 139
修正項目の通知書 ………… 119
受託販売 ………… 128, 129
消費税 ………… 16, 17, 18, 19
消費税課税事業者選択届出書（課税選択届出書）………… 48, 49, 64
消費税課税事業者選択不適用届出書（選択不適用届出書）………… 64
消費税簡易課税制度選択届出書 ………… 58, 59
真実性の確保 ………… 136, 137, 138, 139
請求書等積上げ計算（積上げ計算）………… 104, 105, 106, 107, 126, 127
選択不適用届出書（消費税課税事業者選択不適用届出書）………… 64

た行

対象外取引（不課税取引）………… 22, 23, 110, 111
タイムスタンプ ………… 138, 139
代理交付 ………… 128, 129
立替金精算書 ………… 124, 130, 131
棚卸資産 ………… 57
調整対象固定資産 ………… 132, 133
帳簿 ………… 54, 105, 106

帳簿積上げ計算 ……… 105, 106, 107, 126, 127
積上げ計算（請求書等積上げ計算）
…………………… 104, 105, 106, 107, 126, 127
適格請求書等保存方式（インボイス制度）
…………………………… 16, 17, 26, 27, 28, 29
適格請求書発行事業者公表サイト
………………………………………… 34, 35, 52
適格請求書発行事業者の登録申請書
（登録申請書） ………………… 48, 49, 50, 51, 65
適格請求書発行事業者の登録の取消しを
求める旨の届出書（登録取消届出書）
…………………………………………… 64, 65
適格返還請求書（返還インボイス）
………………………… 49, 122, 123, 124, 125
電子インボイス ……………………… 134, 135
電子申告・納税システム（e-Tax） …… 48, 51
電子帳簿保存法
……………… 54, 134, 135, 136, 137, 138, 139
登録申請書
（適格請求書発行事業者の登録申請書）
……………………………… 48, 49, 50, 51, 65
登録取消届出書（適格請求書発行事業者
の登録の取消しを求める旨の届出書）
…………………………………………… 64, 65
独占禁止法 ……………………… 32, 70, 76, 77
取引条件の交渉 ……… 32, 33, 76, 77, 79, 80, 91

な行

納品書 …………………………………… 120, 121

は行

媒介者交付特例 ………………………… 128, 129
端数処理 ………………………………… 55, 104, 105
非課税取引 ……………………………… 23, 110, 111
不課税取引（対象外取引） … 22, 23, 110, 111
副業 ……………………………………… 27, 34, 35, 66
負担軽減措置 ……………………………… 60, 61
返還インボイス（適格返還請求書）
………………………… 49, 122, 123, 124, 125
本則課税 …… 22, 23, 46, 47, 56, 57, 62, 132, 133

ま行

みなし仕入率 …………………… 22, 23, 56, 62, 81
免税事業者 ………… 20, 21, 30, 31, 38, 39, 40, 41
免税取引 ………………………………… 110, 111

や行

優越的地位の濫用 …………………………… 76, 77

わ行

割戻し計算 …………… 104, 105, 106, 126, 127

数字・アルファベット

2年縛り ………………………………………… 64
3年縛り …………………………………… 65, 132, 133
e-Tax（電子申告・納税システム） …… 48, 51
EDI取引 …………………………………… 134, 135
Peppol ……………………………………… 134

おわりに

本書は、インボイス制度のことがまったくわからない初心者を想定して執筆しました。なるべくやさしい記述を心がけましたが、そもそもの制度自体がわかりづらいため、1回読んだだけでは理解しにくい部分もあったかもしれません。

ぜひ、本書を何度か見返していただき、まわりの方とインボイスについて話をしたり、インターネットで調べたり、インボイスを扱ったYouTube動画を見て、少しずつ理解を深めていただければと思います。

消費税にかぎりませんが、**税金は「知識がないせいで払いすぎてしまう」ことも多く、多く払っていても税務署は教えてくれません。**

税理士などの専門家に、経理や確定申告を依頼できればよいのですが、コストの負担を重く感じる人もいるでしょう。

損をしないために、ご自身で必要な情報を収集して、なるべく節税ができるよう工夫することは、とても大事だと思います。

最後までお読みいただきありがとうございました。本書を通じて、少しでもインボイスに対する不安が解消すれば、著者としては非常に嬉しく思います。

税理士・公認会計士
永井圭介

▶税理士ナガイのYouTubeチャンネル

本書のマンガとイラストを担当した朱坂明紗です。

私自身フリーランスのイラストレーターなのですが、
インボイスについてはさっぱり。
SNSで「インボイス」という単語を聞いたことはあっても、
「何かよくないものらしい」というくらいで、どういったものなのか、
どれほど自分に関係あるのか、詳しく知らない状態。
まさに冒頭マンガの主人公と同じでした。

本書のご依頼をいただいて、インボイスについて学ぶことができ、
インボイスの書籍に関われたことはラッキーでした。

他のフリーランスの方でも、インボイスについてあやふやなままの人は
多いと思うので、そんな方たちにぜひおすすめしたいです。
この本はインボイスについて、
わかりやすく書いてあり、
とても役に立つ一冊だと思います。

朱坂明紗

pixivやTwitterに絵を載せています。
是非ご覧になってください。

Pixiv

Twitter

著者

永井圭介　ながい けいすけ

慶應義塾大学法学部法律学科卒。税理士・公認会計士。
2003年10月大手監査法人に入所し、上場会社、上場準備会社の会計監査に従事。
2009年7月永井圭介公認会計士・税理士事務所を設立し、独立。
中小企業を中心とした税務・労務関連サービスに従事し、ベンチャー企業の税務や税務調査対応を得意とする。また、YouTuber「税理士ナガイ」として節税や確定申告に関する知識をわかりやすく解説している。
YouTube登録者数は7.9万人(2023年6月21日時点)。インボイスの解説動画も定期的に投稿し、関連動画の総再生回数は200万回を超える。
著書に『これ一冊で十分!理美容事業者が知っておくべき税金の知識』『これ一冊で十分!ドクターが知っておくべき税金の知識』(中央経済社)などがある。

YouTube　税理士ナガイちゃんねる

世界一わかりやすい!　インボイス

著　者　永井圭介
発行者　高橋秀雄
編集者　梅野浩太
発行所　**株式会社 高橋書店**
〒170-6014 東京都豊島区東池袋3-1-1 サンシャイン60 14階
電話　03-5957-7103

ISBN978-4-471-21275-9　©NAGAI Keisuke　Printed in Japan

定価はカバーに表示してあります。

本書の内容についてのご質問は「書名、質問事項(ページ、内容)、お客様のご連絡先」を明記のうえ、郵送、FAX、ホームページお問い合わせフォームから小社へお送りください。
回答にはお時間をいただく場合がございます。また、電話によるお問い合わせ、本書の内容を超えたご質問にはお答えできませんので、ご了承ください。本書に関する正誤等の情報は、小社ホームページもご参照ください。

【内容についての問い合わせ先】
書　面　〒170-6014 東京都豊島区東池袋3-1-1 サンシャイン60 14階　高橋書店編集部
F A X　03-5957-7079
メール　小社ホームページお問い合わせフォームから　(https://www.takahashishoten.co.jp/)

【不良品についての問い合わせ先】
ページの順序間違い・抜けなど物理的欠陥がございましたら、電話03-5957-7076へお問い合わせください。
ただし、古書店等で購入・入手された商品の交換には一切応じられません。

V-12-⑨

超入門 株の教科書

わかりやすさ No.1

(株)ストックボイス副社長CCO
岩本秀雄
Hideo Iwamoto

改訂版

新星出版社